과거의 문제는 사람들이 노예가 되었다는 사실이다.
미래의 문제는 사람들이 로봇이 될지도 모른다는 사실이다.

- 에릭 프롬

미래의 물결은 지금도 다가오고 있다.
그것을 막아낼 재간은 없다.
- 린드버그 부인

미래는 운명의 손이 아니라 우리의 손에 달려 있다는 것을 명심하고
그것이 진리임을 확신하라.
- J. 쥐스낭

과거를 뒤돌아보지 마라. 현재를 믿으라.
그리고 씩씩하게 미래를 맞으라.
- 롱펠로우

로봇 시대 일자리의 미래

옮긴이 유수진

고려대학교 컴퓨터교육과에서 이학사 취득 후, 동 대학원 컴퓨터학과에서 공학박사 학위를 취득했다. 방송통신중학교의 정보 교과를 검수하였고, 카드회사 IT부서에서 2년4개월 간 근무했다. 이후 스타트업에서 1년2개월 간 CTO 및 풀스택 프로그래머로도 근무했다. 서울여자대학교, 국민대학교, 광운대학교에 출강하였으며 현재는 한양대학교 창의융합교육원에서 SW교육전담교수로 재직 중이다. 데이터 활용과 로봇, 인간의 미래에 관심이 있다.

로봇 시대 일자리의 미래

펴낸날 2021년 5월 10일 1판 1쇄

지은이 제이슨 솅커
옮긴이 유수진
펴낸이 김영선
책임교정 이교숙
교정·교열 양다은
경영지원 최은정
디자인 박유진·현애정
마케팅 신용천

펴낸곳 (주)다빈치하우스-미디어숲
주소 경기도 고양시 일산서구 고양대로632번길 60, 207호
전화 (02) 323-7234
팩스 (02) 323-0253
홈페이지 www.mfbook.co.kr
이메일 dhhard@naver.com (원고투고)
출판등록번호 제 2-2767호

값 15,800원
ISBN 979-11-5874-114-3(03320)

ROBOT AGE THE FUTURE OF JOBS

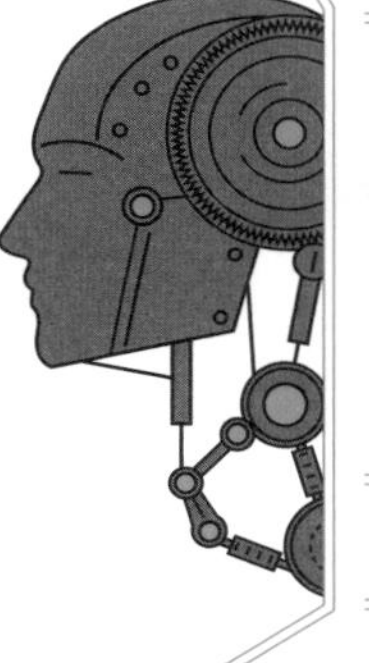

로봇 시대 일자리의 미래

제이슨 솅커 지음 | **유수진** 옮김

세계 1위 미래학자가 내다본
로봇과 일자리 전쟁

미디어숲

한국어판 서문

코로나19는 산업과 비즈니스에 많은 영향을 끼쳤습니다. 전 세계적으로 디지털 세계로의 전환을 가속화했고, 그로 인해 코로나 이전의 세계와는 매우 큰 격차가 생겼습니다. 코로나가 발생하기 이전의 트렌드와 기술, 역학관계가 앞으로 향후 10년간 어떻게 가속화하거나 변화할지를 반영하기 위해 그에 발맞춰 책의 일부를 개정하였습니다.

앞으로 직업, 교육, 의료, 교통 산업은 수십 년간, 코로나19로 인한 불황의 영향을 받을 것입니다. 그러나 이는 세계 경제에 장기적으로 긍정적인 요소가 될 가능성이 큽니다. 출퇴근하는 사람은 줄어들고, 많은 사람이 온라인으로 교육을 받을 것입니다. 또 누군가는 코로나19를 겪으면서 더 많은 사람이 의료 지원을 받을 수 있어야 한다고 생각할 것입니다.
코로나19 팬데믹, 그리고 이에 따른 디지털 전환의 결과로 더욱 많은 부분이 자동화될 것이며, 우리는 그 영향으로 많은 유익을 누릴 것입니다. 물론 여기에는 위험도 도사리고 있습니다.
하지만 늘 그래 왔듯이, 저는 기회와 위기의 반복 가운데 함께 따라오는 결과들을 생각합니다. 미래를 낙관적으로 보지만 그렇다고 로보토피아Robotopia가 올 것이라 생각하지는 않습니다. 반대로, 로보칼립스Robocalypes는 생각만으로도 끔찍합니다. 결국 미래는 우리의 선택에 따라 달라질 수 있습니다.

혼돈과 불확실성의 시대입니다. 부디 한국 독자 여러분들이 코로나19로 인한 여러 어려움을 극복해 좋은 변화를 이끌어 내고 아픔과 상처를 잘 회복할 수 있기를 간절히 바랍니다.

개정판 서문

이 책의 초판을 쓸 때 다음 세 가지 이야기를 하고 싶었습니다. 로봇과 자동화의 경제학, 인공지능 로봇과 관련된 기회와 위기, 경제학자에서 미래학자가 된 저의 이야기입니다.

하지만 책이 나온 이후 세상은 빛의 속도로 바뀌었습니다. 이번 개정판에서는 기존의 주제 중 일부를 더욱 자세히 구체적으로 다루었고, 점점 더 중요해지고 있는 주제들을 추가했습니다. 특히 직업의 과거 및 전자상거래에 관한 논의를 담고 있습니다. 그리고 지난 몇 년간 모은, 로봇과 직업박물관 그림들도 새롭게 추가했습니다.

더 나은 미래를 위해,

제이슨 솅커

c o n t e n t s

차례

3장 로보칼립스, 일자리의 부정적 미래

4장 로보토피아, 일자리의 긍정적 미래

5장 자동화를 부추기는 사회보장제도

6장 보편적 기본소득의 맹점

7장 답은 교육에 있다

8장 로봇 시대에도 끄떡없는 일자리

초유의 관심사, 로봇과 자동화

21세기 들어 로봇과 자동화는 초유의 관심사가 되었다. 자동화, 로봇공학, 보편적 기본소득, 그리고 직업의 미래에 관한 책과 기사, TV 프로그램은 어느덧 우리의 시대정신을 만들어 가고 있다. 사람들은 이제 더 이상 삶에서 자동화와 로봇의 중요성을 피할 수 없다는 사실을 잘 안다.

구글 트렌드 데이터 도표를 보면, 이 주제가 얼마나 세간의 화제가 되었는지를 알 수 있다. 2021년 4월, 이 책의 한국어판이 출간되는 시기에 로봇[1], 자동화[2], 직업의 미래[3], 보편적 기본소득[4]에 대한 온라인 검색량이 가파르게 증가했다. 최근 몇 년간 로봇을 검색한 횟수는 점점 증가하였으나, 자동화를 검색한 횟수는 2006년 이래 가장 큰 증가세를 보인 것이다. 또한,

직업의 미래와 보편적 기본소득으로 검색한 횟수는 2020년 계속해서 상위권에 있었다.

로보칼립스와 로보토피아

사람들은 로봇과 직업의 미래를 두고, 다음 두 가지 중 어느 하나로 전망을 축소하는 경향이 있다.

로봇, 자동화, 인공지능으로 야기되는 비극적인 미래인 로보칼립스Robocalypes와, 기계가 인류를 위해 모든 일을 처리하는 천국과 같은 미래인 로보토피아Robotopia가 바로 그것이다.

로보칼립스가 보여 주는 미래가 편협하고 지나치게 공포스럽다면, 로보토피아가 보여 주는 미래는 조잡하다. 두 시나리오를 기반으로 흥미로운 영화들이 만들어지지만(로보칼립스 영화가 더 설득력 있어 보인다), 미래에 대해 이렇듯 극단적으로 표현한 것은 아무래도 지나치게 단순화한 측면이 있다.

가장 유력한 미래는 로보칼립스와 로보토피아 사이 그 어딘가일 것이다. 그리고 그곳에는 승자와 패자가 있다. 준비 정도와 훈련 및 교육, 채용 기회에 대한 접근성 등은 향후 개인과 사회의 성공과 실패를 가르는 요소가 될 것이다.

우리의 미래는 〈터미네이터〉나 〈스타트렉〉보다 〈젯슨가족〉

(The Jetsons, 미국에서 1962~1963년에 방영된 애니메이션 시트콤으로 우주의 자동화된 주택에 사는 젯슨가족을 중심으로 벌어지는 일상 이야기를 그렸다—옮긴이)에 더 가까울 것이다. 블록버스터 영화만큼 흥미진진하지는 않을 것 같지만, 괜찮다. 누군가는 ATM과 로봇 팔을 주제로 하는 영화 대본을 쓰고 있을지도 모르겠지만, 어쨌든 여지껏 ATM의 발명과 산업용 로봇을 다룬 것은 오로지 다큐멘터리뿐이었다. 아마도 기술 대부분이 곳곳에 잘 녹아들어 우리 미래 사회에 공헌하게 될 것이다.

직업의 과거와 미래

철학자 조지 산타야나George Santayana는 "과거를 기억하지 못하는 사람은 과거의 실수를 반복한다."[5]라고 했다. 로봇, 자동화, 직업의 미래에서도 이는 마찬가지이며, 과거를 모르는 사람은 미래를 지나치게 두려워하리라 생각한다.

시간을 거슬러 올라가 보자. 스미스Smith는 영어권에서 가장 흔한 성이다.[6] 기원전 1500년부터 기원후 1800년까지, 대장장이blacksmith는 중세와 근세에 이르기까지 가장 흔한 직업 가운데 하나였다.[7] 사람들은 이 직업에 대한 애착이 너무 큰 나머지 자기네들의 성을 스미스로 지었다.

그렇다면 그 많던 대장장이들은 오늘날 모두 어디로 사라져 버렸을까. 자신의 성이 되었을 만큼 흔했던 직업이 사라진 이 이야기가, 어쩌면 당신이 일의 미래를 생각할 때 위로가 될 수 있을지도 모르겠다.

나는 이렇듯 과거를 분석한 후 노동의 단기적 전망에 영향을 미치는 직업의 현재와 최근의 동향, 그리고 미래를 살펴볼 것이다. 직업의 미래를 논하기 전에 먼저 과거를 볼 줄 아는 것이 중요하다.

직업의 두 가지 미래

직업의 미래는 노동시장에서 나타나는 긍정적이고 부정적인 두 가지 면을 모두 그리고 있다. 자동화의 부정적인 영향을 크고 빠르게 받을 산업이 있는 반면, 더 많은 직업의 기회가 창출될 산업도 있다. 그 사이에 있는 많은 직종들 중 일부 핵심 기능은 자동화될 것이다. 마치 과거 컴퓨터가 대부분의 직업에 영향을 미쳤던 것처럼 말이다.

기술 변화의 속도는 앞으로도 계속 빨라지겠지만, 우리에게는 과거 노동시장의 변화를 겪은 경험이 있다. 나는 산업혁명 속에서 사라져 간 대장장이보다는, 다양한 역량으로 기술 변화를 바라보며 도전을 기꺼이 받아들이는 오늘날의 노동자가 되고 싶다.

고대 그리스인들은 삶을 '두 개의 화병vases이 놓인 난로 바닥hearth'으로 표현하곤 했다. 좋은 화병과 나쁜 화병이 있다고 했을 때, 우리가 좋은 것만 가질 수 있는 경우는 결코 없다. 좋은 화병과 나쁜 화병을 동시에 선택하거나 나쁜 화병만 선택하거나, 둘 중 하나일 뿐이다. 이와 마찬가지로, 자동화와 로봇으로 대변되는 기술적 변화는 직업의 미래에 온전히 긍정적이지만은 않을 것이지만, 우리의 선택과 준비에 따라 그 결과가 부정적이지만도 않을 것이라 믿는다.

로보토피아와 손안의 상점

스마트폰으로 상점은 이제 우리 손안으로 들어왔고, 이 손안의 상점 세계를 가져다준 전자상거래 시장은 계속 성장하고 있다. 셀프서비스self-service는 현실이며, 사람들은 온라인으로 물건을 구매한다. 오직 고도로 맞춤화되고 자동화된 노동자들만이 이를 위한 공급망을 확보할 수 있다. 이것은 로보토피아로 가는 가장 큰 기회로, 4장에서 다룰 내용이다.

공급망이 온라인 소매 수요를 따라갈 수 있다면 우리는 더 많은 상품과 서비스를 접하고 구매할 수 있게 된다. 손안의 상점으로 인해 소매업은 약간의 타격을 받겠지만, 많은 사람들이 물건을 사고자 기다렸던 긴 줄에서 해방되어 가장 귀중한 자산인 '시간'을 절약할 수 있게 될 것이다. 또한 자동화된 운송 시스템은 이동의 선택지를 넓히며 사람들의 시간을 자유롭게 할 것이다.

결국 로봇과 자동화로 우리는 시간에 구애받지 않고 자유롭게 활동하며 상품과 서비스에 대한 접근성 역시 높일 수 있다.

바로 이것이 미국 독립선언서에서 말하고 있는 '삶, 자유, 행복의 추구[8]'와 같다. 미국 정부의 미결산 회계장부로 로보토피아의 긍정적 잠재력이 미처 시작도 하기 전 끝날지도 모르겠지만.

사회보장제도의 개혁이 필요하다

미국의 메디케어(65세 이상의 사람에게 적용되는 노인의료보험제도-옮긴이), 메디케이드(저소득층 의료보장제도-옮긴이), 사회보장제도에서 재무제표상에 잡히지도 않는 금액이 200조 달러에 이른다. 5장에서는 증가하는 국가 채무와 인구 피라미드의 변화, 그리고 현 사회보장제도로 인한 전반적인 노동시장의 위기들을 다룬다.

로봇공학과 자동화가 일으키는 긍정적 기회가 있지만, 복지 시스템이 개혁되지 않으면 큰 타격을 입을 것이다. 지옥으로 가는 길은 좋은 의도로 포장되어 있을지 모르지만, 농노제로 가는 길은 바닥 난 재정으로 포장되어 있다.

보편적 기본소득의 맹점

로보칼립스와 로보토피아를 논할 때 중요한 경제적 개념이 보편적 기본소득Universal Basic Income(UBI)이다. 이것은 일을 하든 하지 않든 정부가 모든 사람에게 돈을 줘야 한다는 생각이다. 로봇이 모든 직업을 대체해 근로자들이 빈곤해지거나 로봇이 세상을 풍요롭게 해 더는 인간이 일할 필요가 없어지면, 정부가 곧 모든 사람에게 돈을 줘야 한다는 것이다.

기본소득과 관련된 몇 가지 문제들은 7장에서 다룬다. 그중 가장 큰 문제는 5장에서 다룰 복리후생과 미국 국가 부채에 대한 것이다. 우리는 기본소득을 감당할 수 없다. 예산 문제 말고도 기본소득의 실행을 지양해야 하는 네 가지 큰 이유가 있다. 인플레이션, 높아진 세금 비율, 미래 경제와 기술 발전의 저해 요인, 미취업 인구에서 비롯된 사회적 위기들이 바로 그것이다. 게으른 게 악마의 직업이라면, 기본소득은 훌륭한 채용 수단이 될 것이다.

손안의 교실

교육으로 미래 적응력이 뛰어난 인력을 양성한다면 로보칼립스의 도래를 막을 수 있다. 또한 교육과 기술의 격차를 해소해야 한다. 손안의 교실, 즉 온라인 수업은 다가오는 로봇공학과 자동화가 만들어 내는 노동시장의 변화에서 사람들이 생존하고 번영할 수 있도록 하는 중요한 도구가 될 것이다. 다행히 온라인을 통한 강좌, 자격증, 전문 자격, 학사 학위와 석사 학위의 접근성이 빠르게 확대되고 있다. 앞으로도 온라인 교육은 계속해서 확산하며 가속화될 것이다. 이것은 8장에서 다룰 주제이다.

손안의 노동시장

산업혁명 이전에 우리가 선택할 수 있는 직업은 자신이 살고 있는 마을에 제한되었다. 그 이후에는 신문 광고를 통해 직업을 찾을 수 있었다. 그러나 지금은 2천만 개의 직업을 손안에서 즉시 볼 수 있다. 온라인 노동시장은 직업에 대한 접근성을 높였다. 자동화되어 가는 세상에서, 우리는 정보의 민첩성을 유지함으로써 곧 기회가 기술과 연결된다는 것을 알 수 있다. 인터넷 시대에 더욱 두드러지게 발전하는 손안의 노동시장은 자동화 시대에서 성공하는 데 더욱 중요한 요소가 될 것이다.

로봇에 일자리를 뺏기지 않도록 준비하라

경제, 사회가 자동화와 로봇공학의 혜택을 누릴 수 있게 되는 중요한 조건들과 함께 잠재적 위기와 기회 요소를 살펴본 후, 나는 이 책을 읽는 독자들에게 몇 가지 제안을 할 것이다. 어느 분야에서 일하든 우리는 늘 직업의 기회를 모색하고 교육과 기술 개발을 게을리하지 않아야 한다는 것이다. 더 많은 교육과 기술, 더 빠른 속도에 적응하기 위한 의지와 준비가 부족하다면 뒤처질 수밖에 없다. 물류와 운송, 소매업 관련 직업은 황무지가 되겠지만, 의료와 자동화, 정보기술, 프로젝트 관리와 관련된 직종은 약속의 땅이 될 가능성이 크다.

다음 장에서 데이터와 통계, 경제학, 역사, 직업의 미래와 같은 것들을 포함하여 이 책을 쓴 동기를 소개한다. 우선 구글 트렌드에서 현재 무엇이 초유의 관심사로 떠오르고 있는지 살펴보자.

〈자료 1〉 '로봇'에 대한 구글 트렌드[9]

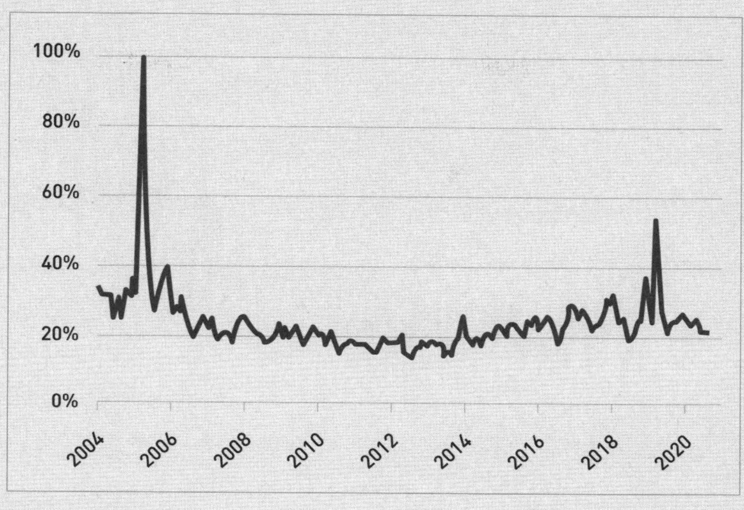

출처: 구글 트렌드

〈자료 2〉 '자동화'에 대한 구글 트렌드[10]

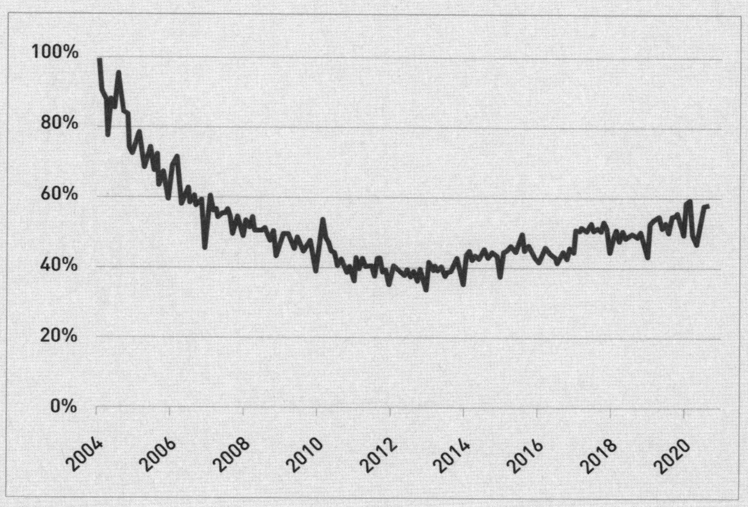

출처: 구글 트렌드

〈자료 3〉 '직업의 미래'에 대한 구글 트렌드[11]

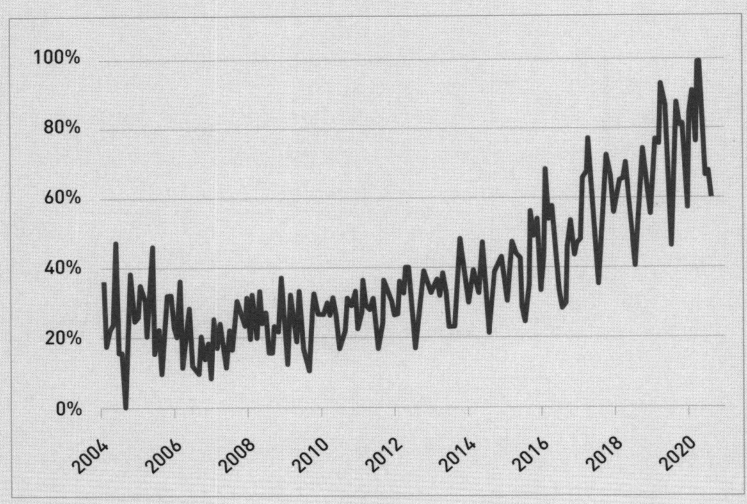

출처: 구글 트렌드

〈자료 4〉 '보편적 기본소득'에 대한 구글 트렌드[12]

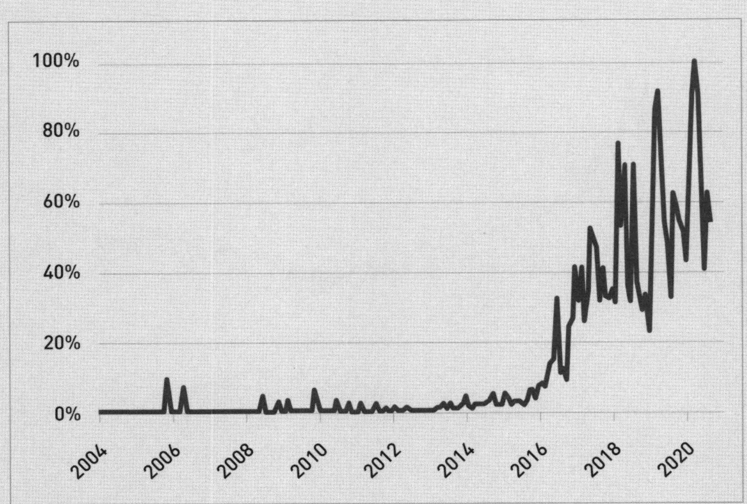

출처: 구글 트렌드

1장

로보칼립스 혹은 로보토피아

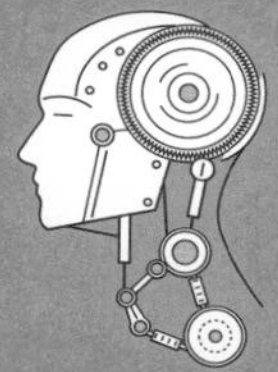

JOBS FOR ROBOTS

BETWEEN ROBOCALYPSE

AND ROBOTOPIA

많은 이들이 인공지능 로봇에 대해 말하지만, 로봇이 우리 삶에 긍정적 혹은 부정적 영향을 줄지를 결정하는 중요한 문제들에 대해서는 누구도 쉽사리 언급하지 않는다. 사회보장제도의 개혁, 교육 격차 해소, 역사적 관점을 미래의 과제에 적용하는 것과 같은 이야기가 바로 이에 해당한다.

사람들은 자동화와 로봇에 관한 논쟁에서 로보칼립스 혹은 로보토피아와 같이 디스토피아 혹은 유토피아적 미래로 축소해서 제시하는 경향이 있는데, 가장 중요한 문제는 기본적인 것들에 있다. 즉, 우리가 노동, 교육, 세금 정책을 어떻게 관리하느냐에 우리의 미래가 달려 있다는 것이다.

물론 이 논쟁은 부풀려진 듯하나, 인간과 직업의 미래에 영향을 미치기 때문에 중요한 문제다. 로봇과 자동화가 모든 일자리를 점령하고 사회를 위협하는 디스토피아적인 로보칼립스에 관한 이야기들은 〈터미네이터〉와 같은 공상과학 영화를 보면서 자라온 누구에게나 반향을 불러일으킨다. 일부 언론계 사람들은 이렇게 말할 것이다. "폭력적일수록 인기를 끈다." 그리고 로보칼립스의 전망만큼 폭력적인 것은 없다.

자동화, 로봇공학, 인공지능이 불러올 잠재적 위기와 긍정적 기회를 살펴보는 것은 중요하다. 그리고 나는 우리가 직업의 미래, 교육의 중요성, 사회보장제도 개혁을 이야기할 때 꼭 언급되는, 심각한 격차를 해소하는 것이 얼마나 중요한지 논의하고자 한다. 이를 통해 우리 개개인과 사회는 로보토피아의 긍정적 잠재력으로부터 혜택을 누리고, 로보칼립스의 잠재적 위험을 제거할 수 있을 것이다. 이것은 직업의 미래가 모든 이들에게 해당되는 중요한 문제이기 때문이다. 미래학자, 분석가, 정책 입안자들이 직업의 미래를 논의할 때 모든 사람에게 영향을 미칠 사안에 관해 이야기하듯, 우리는 다가올 로봇 시대를 적극적으로 대비해야 할 것이다.

자극적이지만 지나치게 단순화된 로보칼립스적 미래 전망으로 인해 로봇공학과 자동화 문제가 제대로 다뤄지지 못할 때가 있다. 이 주제를 살펴보는 것은 진짜 중요한 문제를 논의하기 위해 반드시 필요하다.

셀프서비스 혁명은 이제 현실이며, 그 자체로 위험 요소와 해결책 모두를 가지고 있다. 우리는 지금 더 많은 것을 원한다. 제2차 세계대전 이전의 독일 철학자 집단이었던 프랑크푸르트학

파는 이 개념을 '상품의 물신화'라고 명명했다. 기본적으로 사람들은 물건 사기를 좋아한다. 오늘날, 손안의 상점in-hand retail은 비즈니스, 교실, 사무실, 노동시장, 연애관계 등 모든 것을 자기 손안으로 가져오고 싶어 하는 우리 욕망이 반영된 결과다.

나는 미래학자이지만, 그렇다고 '우리 모두가 사이보그가 되어 인간이 탄소와 실리콘을 기반으로 한 지성체가 될 것이라고 믿는 특이점주의자singularitarian[1]'는 아니다. 나는 그저 자동화와 인공지능 로봇을 21세기 작업자들이 사용하는 도구 정도로 보고 있으며, 사람과 기업체는 그에 뒤따르는 기회를 활용할 것이라고 믿는다. 그리고 이는 정보화 시대에서 자동화 시대로의 전환에 박차를 가할 것이다.

기술 진보는 빠르게 일어나고 있다. 나는 기술보다 인간에 대한 믿음이 더 크다. 물론 우리는 직업적으로 더 큰 도전에 직면해 있지만, 그동안의 경험으로 인간은 그 진보를 받아들일 수 있을 거라고 생각한다.

그 많던 대장장이는 다 어디로 갔을까

영어권에서 가장 흔한 성(姓)은 스미스Smiths이다.[2] 그러나 당신은 대장간blacksmith에서 일하고 있는 스미스를 몇 명이나 알고 있는가? 아마 없을 것이다. 사실, 오늘날 대장장이를 보기 위해서는 플리머스 플랜테이션Plimoth Plantation(초기 유럽 식민지 개척자였던 청교도가 세운 플리머스 식민지를 재건한 야외 박물관—옮긴이)이나 콜로니얼 윌리엄스버그Colonial Williamsburg(18세기 미국의 모습을 간직한 야외 박물관—옮긴이)와 같은 거의 살아 있는 박물관이나 마찬가지인 곳에 가야 할 것이다. 어쩌면 르네상스 박람회에서 대장장이를 찾을 수 있을지도 모르겠다. 물론 이 사람들은 배우일 뿐이며 성이 스미스인 것도 아닐 테지만. 정작 성이 스미스인 사람은 대장장이를 본 적조차 없을 것이란 게 현실이다.

이 '스미스'라는 성의 뿌리를 추적하다 보면 기원전 1500년경 최초의 철기시대까지 거슬러 올라가게 된다.[3] 영국에서는 스미스와 같이 직업과 관련된 성을 쓰는 게 12세기에 굳어졌고,[4] 이런 직업들은 철도를 놓기 시작한 1800년대 후반의 철과 강철 시대까지 계속해서 번성했다.[5] 그러나 산업혁명은 소량생산을 완전히 쇠퇴시켰다. 철도는 국가와 국가를 연결했으며 공장은 철물을 제조하였고 철물점에서 이것을 판매했다.[6] 그때 스미스는 더 이상 대장장이가 되려 하지 않았다.

〈자료 1-1〉 대장간에서 일하는 대장장이[7]

비슷한 일이 유럽을 휩쓸었다. 독일에서는 슈미트Schmidt가 가장 흔한 성이었고 프랑스에서는 르페브르LeFebvre가 가장 흔했는데, 이들 역시 마찬가지로 대장장이를 일컫는 성이었다. 그리고 곧 이 직업은 역사의 뒤안길로 사라졌다.

그렇다면 이제 직업적 측면에서 이러한 대격변이 당시 사람들에게 과연 어떻게 다가왔을지 한번 상상해 보자. 사람들은 오늘날의 노동 사회가 빠르게 변화하고 교육과 기술이 끊임없이 발전하고 있다는 것을 알고 있다. 그러나 1800년대 후반에는 이런 종류의 변화가 전례 없는 것이었다.

거의 3,400년 동안 꽤 좋은 직업으로 존재했던 대장장이들을 떠올려 보자. 불과 1세기 만에 그 산업 전체가 완전히 사라졌다. 대장장이 산업이 종말을 맞이하기 약 800년 전인 12세기에도 사람들은 자신의 성을 스미스로 선택했다. 당시 사람들은 직업으로서 자신이 기억되고자 성을 선택했고, 그 직업은 영원하리라고 생각했으며, 이 직업이 2,600년 넘게 지속되어 왔던 것을 고려하면 이는 당연한 생각이었다.

물론 산업혁명으로 사라진 직업이 대장장이만은 아니다. 밀러millers(방앗간 혹은 제분소에서 일하는 사람-옮긴이), 웨버weavers(베 짜는 사람 혹은 직공-옮긴이), 그리고 다른 직업 관련 성을 가진 사람들도 자신들의 직업이 점차 사라지는 것을 보았다. 오늘날 제분소는 회전하는 돌들 사이에서 곡물이 갈리는 것을 볼 수 있는 박물관으로 존재한다. 〈자료 1-2〉에서 볼 수 있듯 대단한 볼거리이긴 하지만, 실제로 거기서 일하는 사람은 관광가이드밖에 없다.

변하거나 혹은 변하지 않는 이름들

스미스, 밀러, 웨버와 같은 직업과 관련 있는 성들은 중세시대 마을을 떠올리게 한다. 이 마을은 수 세기 이후에 완전히 뒤바뀌었으나, 그 이름은 계속 유지되었다. 이름의 역사를 연구하는 학자 J. R. 돌란J. R. Dolan에 따르면, 직업 관련 성은 별명이나 지명, 관계에서 따온 성보다 훨씬 더 오래 지속되었다고 한다.[8] 이는 직업의 기술과 함께 축적된 판로를 대대로 물려주는 경제적 이유 때문이었다.

평생 한 가지 직업에 종사하는 것을 넘어 온 가족이 몇 세대에 걸쳐 개인의 직업에 영향을 끼치는 세상을 상상이나 할 수 있겠는가. 물론 일부 가족 사업체들에 해당하는 이야기이긴 하지만, 그들에게 새로운 직업이 생겼다고 해서 성을 바꿀 정도는 아니었던 것이다.

오늘날 자기 직업이 영원하리라고 믿는 사람은 없을 것이라 생각한다. 미국 노동통계국의 자료에 따르면 35~45퍼센트의 사람들이 매해 직장을 옮긴다. 2019년 한 해 동안 12개월에 걸쳐 41.5퍼센트의 노동자가 이직을 했으며, 6,790만 명의 노동자가 직장을 떠났고, 7천만 명이 고용되었다.[9]

일자리의 미래

만일 내가 중세시대로 돌아가서 직업의 미래에 관한 책을 쓴다면, 나는 아마 화형에 처해질 것이다. 그 시대의 누구도 대장장이가 공장의 기계들로 대체될 것이라거나, 사람 대신 생

〈자료 1-2〉 현재 박물관으로 바뀐 산업화 이전의 제분소[10]

각하는 컴퓨터가 일할 것이라고는 절대 믿지 않았을 것이다. 그리고 이 사실을 믿었다고 해도 자신이 일터에서 멀리 떨어진 곳에서 원격으로 일할 것이라고는 상상조차 하지 못했을 것이다.

당시 사람들은 수천 년간 제분소와 대장간에서 일했지만, 우리는 겨우 한 세기가 조금 넘는 기간 동안 사무실에서 일했다. 그리고 이제 우리는 일터가 바뀔 수 있다는 사실을 안다. 아마도 머지않은 미래에 바뀔 것이다. 제조업자들은 제1차 산업 자동화의 물결 동안 일자리가 해외로 이동하거나 감소하는 현상을 목격했다. 이런 추세는 계속될 수 있으며 다른 직종도 같은 현상을 경험할 수 있다. 물론 이러한 변화로 인해 일부 제조업 일자리가 해외에서 국내로 다시 돌아오는 것을 볼 수도 있겠지만, 그런 일자리는 이제 사람이 아닌 로봇이 차지할 가능성이 크다. 나는 이 부분을 나의 이전 책인 『Electing Recession』에서 다룬 바 있다.

빠르게 다가오지만 예측 가능한 미래

자동화와 로봇으로 인한 노동시장의 변화는 과거보다 더 빠르게 다가올 것이다. 우리는 이러한 노동시장 변화의 규모와 그 특성을 이해할 필요가 있다. 아마 이것은 우리가 마주할 그 어떤 일보다 더 큰 변화가 될 것이다.

이전의 사람들은 온라인 구인게시판, 온라인 교육의 기회가 없었으며 멀리 이동하는 것은 지금보다 훨씬 더 어려운 일이었다. 그에 비해 우리는 오늘날 세계 경제를 어느 때보다 더 잘 알고 있으며, 이는 1800년대 후반을 살던 사람들보다 확실히 그렇다. 그렇기 때문에 다가올 변화를 기대할 수 있는 것이다. 이것이 선대보다 우리가 가진 큰 이점이다.

직업은 앞으로 변할 것이다. 그러나 과거 우리 조상들이 직업에 얽매였다면, 이번엔 그렇지 않다. 협업 공간, 원격 업무 환경,

더욱 개인화된 작업, 회사 고용인에서 개인사업자로의 전환, 이 모든 것들이 활발히 진행 중이지만 이런 변화들은 산업혁명 당시 겪었던 일에 비해 구조적 문제가 덜한 상황이다.

내일의 일자리는 오늘의 일자리와 비슷할 것이다. 산업혁명 당시 마을과 길드 중심의 직업에서 산업 및 학문 중심의 직업으로 바뀌었던 것과 비교하면 말이다.

다가올 변화는 앞으로 3천 년 동안 이어질 직업을 남기는 작업이 아니다. 우리가 해야 하는 새로운 일들에 '적응'하는 문제이다. 물론 지식 경제로의 전환은 이미 일어나고 있다. 그리고 지금, 그 변화는 자동화와 로봇공학으로 인해 가속화될 것이다.

내일의 노동 박물관

나는 저서 『코로나 이후 불황을 이기는 커리어 전략』에서 우리 삶의 중요한 부분이라 생각하는 '사무실'이 그리 머지않은 미래에는 사라질 것이라 판단했다. 오늘 우리가 하는 일이 내일은 유물로 전락할 수 있음을 알아야 한다. 과거 밀러Miller는 방앗간 일꾼이었지만 현재는 그저 스코틀랜드 산악지대에 있는 아름다운 물레방앗간 박물관에 불과하다.

〈자료 1-3〉 물레방아Watermill[11]

〈자료 1-4〉 풍차[12]

같은 운명이 풍차에도 닥쳤다. 한때는 네덜란드에 천 개가 넘는 풍차가 있었는데 현재는 십여 개가 조금 넘을 뿐이다.

〈자료 1-5〉 미래에 보게 될 과거의 직업-칸막이로 나뉜 사무실[13]

오래전 산업혁명이 일어나고 전기가 공급되면서 물레방아와 풍차와 관련된 직업은 불필요해졌다. 그렇다면 미래에는 사무실을 박물관에서나 볼 수 있지 않을까? 기존의 우리가 알고 있는 사무실 공간은 이미 존재의 기로에 서 있다.

나는 글로벌 컨설팅 기업의 선두주자인 맥킨지앤드컴퍼니McKinsey&Company에서 2007~2009년 근무했는데, 2007년 당시에도 대부분 컨설턴트들은 개인 사무실 공간을 따로 두고 있지 않았다. 회사 일은 유연한 업무 공간에서 원격 업무로 처리할 수 있었다. 그게 벌써 13년 전 일이다. 오늘날 많은 회사가 이와 유사한 업무 구조를 갖추고 있으며, 원격 업무는 갈수록 늘어나고 있다.

이 책의 초판을 집필할 2016년, 뉴욕의 일부 기관 투자 고객들은 당시 중요한 이슈였던 핀테크 붕괴와 함께 뉴욕시 상업 부동산의 로보어드바이저roboadvisor('로봇robot'과 전문 자산운용가를 의미하는 '어드바이저advisor'의 합성어-옮긴이)가 미칠 수 있는 잠재적 영향에 관한 우려를 표했다. 나는 3장에서 소극적 자산 관리 증가와 이것이 전통 금융 서비스에 미칠 영향을 다룰 것이다. 자동화가 더욱 발전하면 규모의 경제를 쉽게 달성할 수 있으며, 금융 서비스업계는 많은 인원을 고용할 필요가 없어진다. 이에 대한 연쇄반응으로 사무실 수요는 줄어들 것이다.

공유 공간의 증가

재택근무와 유연한 사무 공간뿐 아니라 기업가들과 중소기업 사이에서 불이 붙은 것은 '공유 공간'이다. 적어도 코로나19 이전에는 그랬다. 많은 사람들이 원격으로 일하거나 작은 스타트업을 운영하게 되면서 기업인, 1인 사업체, 스타트업이 홀로 고립되었다는 감정을 느끼지 않도록 하는 사무실 분위기가 필요했다. 사람들은 실제로 혼자 일을 할지라도 공유 공간에서 함께 일하며 큰 회사의 일원이라 느낄 수 있다.

공유 공간은 미국 전역과 전 세계에 우후죽순으로 생겨났다. 특히 스타트업이 큰 몫을 담당했다. 스타트업 업계는 스타트업 액셀러레이터(신생기업의 활성화를 돕기 위해 자금을 지원해 주고, 아이디어나 사업 계획에 자문해 주는 단체-옮긴이)나 인큐베이터(신생기업에 사무실 공간, 설비를 제공하고 금융 서비스를 이용할 수 있도록 도우면서 사업 안내를 해주는 단체-옮긴이)들과의 협력을 목적으로 간혹 지분을 포기하거나 사무실 공간을 지원받아 사용해야 했음에도, 이런 공유 공간을 사용한 경우가 더러 있었다. 하지만 대개 공유 공간은 스타트업 기업이나 개인이 직접 사무실을 꾸리는 것보다 훨씬 저렴하고, 지분을 포기할 필요도 없다.

코로나19가 발발하고 팬데믹이 된 이후 공유 공간의 인기는 뚝 떨어졌다. 어쩌면 부활할 수도 있지만, 공유 공간의 선두주자인 위워크WeWork가 겪는 자금난과 사회적 거리두기의 큰 영향을 받을 것이다. 〈자료 1-6〉은 오스틴의 위워크 사무실 가운데 하나다.

업무환경의 이런 변화는 우리가 본 많은 변화 중 일부이며, 이것이 마지막은 아닐 것이다. 코로나19 이후 우리가 마주한 변화들 역시 그대로 남아 있지 않을 것이다. 업무환경과 사무 공간은

〈자료 1-6〉 텍사스 오스틴의 공유 공간, 위워크[14]

향후 상당한 변화를 겪을 것이다.

최근 업무 툴과 프로세스, 일했던 방식 등에 상당한 변화가 생겼다. 정보화 시대에서 자동화 시대로 전환됨에 따라 이 변화는 계속될 것이다. 오늘날의 사무실은 내일의 노동박물관에 있을지도 모른다. 언젠가 최신 트렌드마저 역사 속으로 사라질 것이다. 그러나 우리는 선조들과 달리 이미 이 사실을 알고 있고, 또 기대하고 있다.

6장에서 기술 발전으로 인한 실업에 어떻게 적응해야 할지 살펴볼 텐데, 그 전에 우선 다음과 같은 질문을 생각해 보자.

산업혁명의 시대가 동 터오던 시기에, 예기치 못하고 전례 없는 기술 발전으로 인해 일자리를 잃어버린 대장장이(스미스)와 제분업자(밀러)에게 만약 정부가 보편적 기본소득을 보장했다면 오늘날, 스미스와 밀러는 무엇을 하고 있을까?

로봇은 많은 일을 할 수 있지만
그들이 할 수 없는 단 한 가지가 있다면
그것은 인간과의 진정한 접촉을 경험하는 일이다.

2장

당신의 일자리, 이대로 정말 괜찮은가

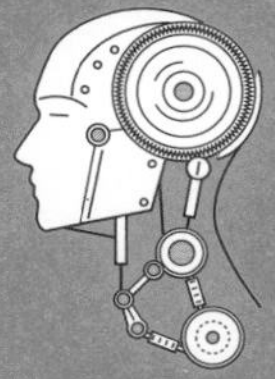

JOBS FOR ROBOTS

BETWEEN ROBOCALYPSE

AND ROBOTOPIA

로보칼립스라는 종말론에 들어가기 전에 미국 노동시장과 노동력이 최근 몇 년간 어떻게 발전해 왔는지 그 현황을 생각해 보자. 발전의 역사를 들여다보는 것은 성장과 적응, 끊임없는 변화의 측면에서 미래의 직업을 준비하는 데 중요한 도움이 된다.

여기서 다룰 내용은 로보칼립스를 초래할 수 있는 기술적 변화에 관한 것도, 로보토피아가 가져다줄 유익에 관한 것도 아니다. 현재 경제 상황과 노동시장을 눈여겨보는 노동통계국BLS과 나의 기대치에 대한 것이다.

먼저, 미국 노동시장에서 직업의 트렌드가 어떻게 변화해 왔는지를 살펴보자. 그런 후 인공지능의 영향을 가장 많이 받는 직군은 무엇이며, 가장 덜 받는 직군은 또 무엇인지 알아보자. 마지막으로 노동통계국이 일자리와 임금의 미래를 어떻게 예측하고 있는지도 살펴보겠다.

농업도 제조업도 하강 중

중세시대 삶에서 보았듯이 무역과 기술로 인해 기억의 가장자리로 밀려난 또 다른 직종이 농업이다. 1840년에는 미국 노

〈자료 2-1〉 농업 및 다른 분야의 고용 현황[1]

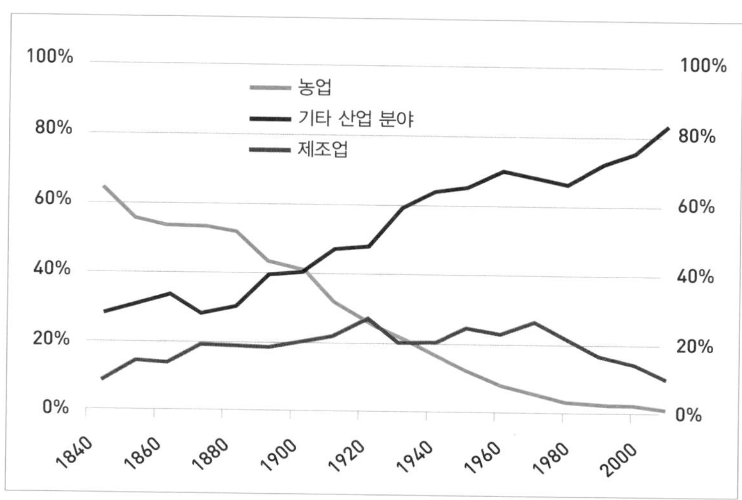

출처: 전미경제연구소(NBER), 세계은행, FRED(연방준비제도이사회 경제 자료)

동력의 거의 3분의 2가 농부였다. 오늘날에는 약 210만 명이 농업 종사자인데, 이것은 2019년 미국 노동력의 약 1.3퍼센트에 불과하다.

〈자료 2-1〉을 보면 미국 전체 노동력에서 농업 일자리의 비율이 급감했음을 볼 수 있다. 또한 제조업 관련 일자리는 1840년부터 1920년까지 정점에 도달하다가[2] 그 이후에는 하강 곡선을 그리고 있다.

미국의 제조업 관련 일자리 비율은 자동화가 제조업에 영향

〈자료 2-2〉 제조업 직원 수 추이[4]

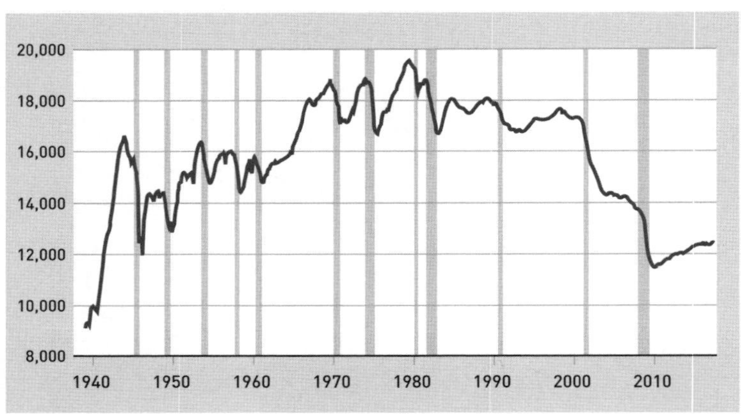

출처: 미 노동통계국, FRED

을 미치는 시점부터 절대적으로 급감한다. 물론 제조업은 높은 비율로 아웃소싱을 주고 있다. 그럼에도 미국 제조업 일자리 수는 1979년에 정점에 달했고, 그 이후 계속해서 감소하고 있다〈자료 2-2〉.[3]

정치인들은 해외로 나간 제조업을 다시 자국으로 가져와 일자리를 창출하고자 논의 중이다. 그러나 그렇게 돌아온 제조업 일자리조차 로봇에게 돌아가게 될 것이다. 제조업에서 자동화는 계속될 것이며, 해외에서 다시 자국으로 들어오는 제조업은 비싼 인건비 대신 자동화로 대체할 것이다.

자동화는 한동안 제조업의 가장 중요한 요소였고, 이는 앞으로도 지속되리라 생각한다. 나는 고도로 자동화된 미국의 많은 공장에서 근무했는데, 첨단 기술 공장에서도 일부는 여전히 수작업으로 진행되었다. 이런 수작업은 대개 한정판이라든지, 아니면 자동화하기에는 가성비가 좋지 않은 세부 작업이라든지, 또는 수작업을 감당할 만큼 수익률이 높은 제품에 해당한다. 그러나 이런 방식은 예외일 뿐, 일반적인 것은 아니었다.

미국 제조업 일자리 감소와 더불어 다른 분야의 일자리에서도 최근 수십 년간 상당한 변화가 있었다. 많은 주(州)에서 단 36년 만에 흔한 직업이라 할 만한 것들이 빠른 속도로 바뀐 것이다. 〈자료 2-3〉은 '비서'가 1978년에 21개 주에서 가장 흔한 직업이었음을 보여 준다.[5] 그러나 〈자료 2-4〉는 '트럭 운전사'가 2014년, 29개 주에서 가장 흔한 직업이었음을 보여 준다.[6]

비서는 2014년에 5개 주에서만 가장 흔한 직업이었다. 오늘날 미국에서는 직업명이 '비서secretary'인 것조차 시대착오적으로 느낀다. 최근에는 예전만큼 많이 사용하지 않는 직업명이며, '관리 사무원administrative assistant'이라는 이름으로 대체되었다. 그건 바로 컴퓨터가 개인 비서 역할을 하고 있기 때문이다. 우리는 이

〈자료 2-3〉 주별 가장 흔한 직업(1978)[7]

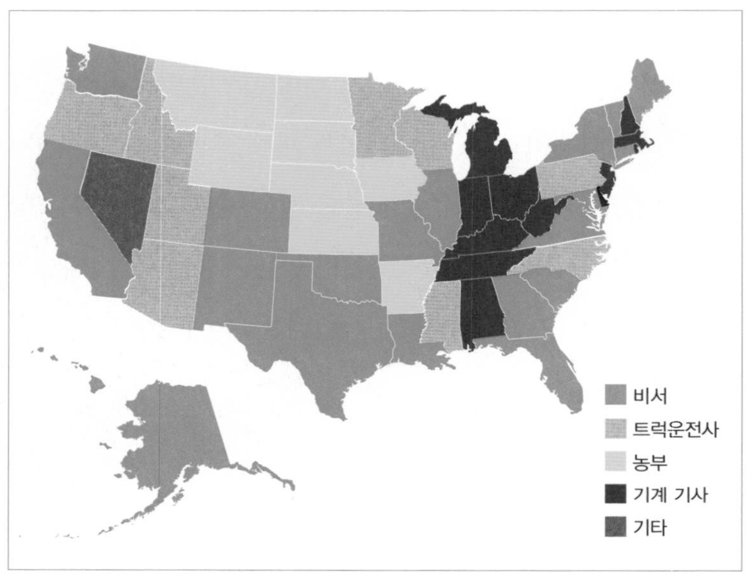

출처: 미 노동통계국

메일로 편지를 쓰고, 온라인 달력을 보며 일정을 관리하고, 링크드인LinkedIn으로 연락처 목록을 관리한다.

자동화로 인해 더 많은 변화가 일어나고 있다. 36년 뒤에는 가장 흔한 직업이 트럭 운전사이지는 않을 것이다. 나는 비서라는 이름이 그랬듯이 실제 직업명에 대한 선호도도 떨어질지 궁금하다. 트럭 운전사가 시대착오적인 개념이 될까? 그럴 확률이 높아 보인다.

〈자료 2-4〉 주별 가장 흔한 직업(2014)[8]

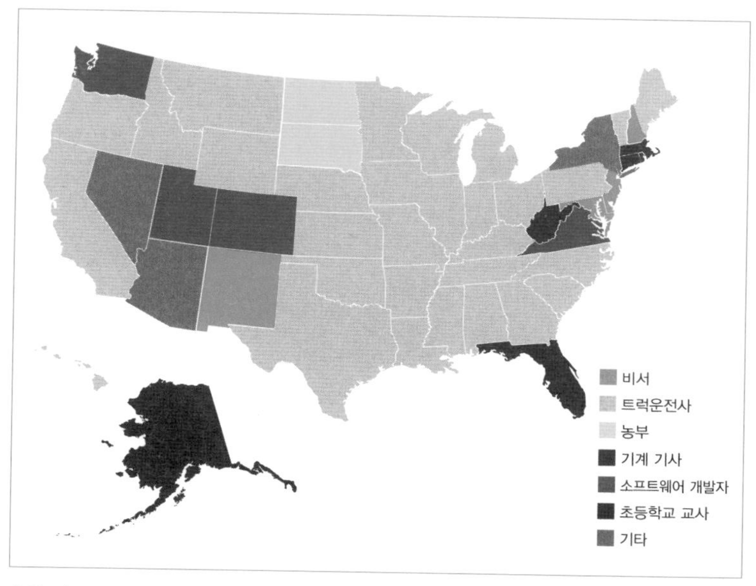

출처: 미 노동통계국

자동화가 불러올 변화

생산성은 각 노동자로부터 얼마나 많은 것을 얻어 낼 수 있는지를 나타내는 척도다. 생산성 수준이 높을수록 노동자별 결과물이 더 많다는 것을 말한다. 고용인이 노동자 생산성을 높이기 위해 사용하는 수단으로는 두 가지가 있다. 바로 자본과 기술인데, 이것은 향후 노동력 구성에 변화를 줄 것이다.

과거에는 증기기관, 초기 로봇공학, IT의 출현으로 인해 생산

〈자료 2-5〉 기술별 생산성 증가 기여도[10]

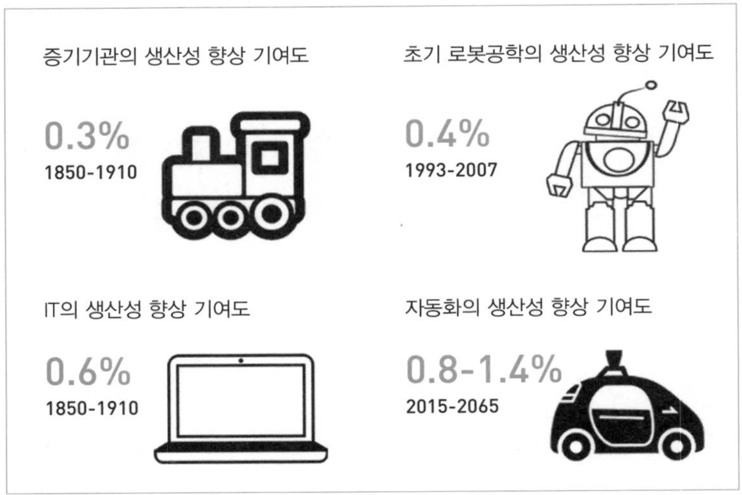

출처: 맥킨지 글로벌연구소

성이 비약적으로 증가했다. 맥킨지 글로벌연구소McKinsey Global Institute의 연구에 의하면 이러한 기술의 발전은 당시 연간 생산성 성장을 각각 0.3퍼센트, 0.4퍼센트, 0.6퍼센트 높였다〈자료 2-5〉.[9]

맥킨지 글로벌연구소는 자동화 기술이 앞으로 2065년까지 50년간 연간 0.5~1.4퍼센트의 생산성 향상을 가져올 것으로 예측한다.[11] 이것은 매우 긴 시간이며, 그사이 예상되는 생산성 기여도 또한 매우 높다. 이 예측은 기간과 기여도 측면에서 좀 과장이 있지만, 방향 면에서는 정확할 것이다. 자동화는 생산성을 높이고, 성장을 가져온다.

경제학자들이 성장을 촉진하는 요인들을 논의할 때, 경제 성장 관련 이론으로 노벨상을 받은 로버트 솔로Robert Solow의 성장모델이 자주 등장한다.[12] 솔로의 성장모델은 경제 성장이 어떻게 일어나는지를 보여 주는 도구다. 자본(K), 노동(L), 기술(A) 이 세 변수만 있어 꽤 단순하다. 솔로의 성장모델 방정식은 일반적으로 다음과 같이 표현된다.

$$Y = f(K, L, A)$$

이것은 생산성 변화(Y)가 K, L, A의 함수(f)임을 의미한다. 이 방정식의 A는 기술을 뜻하지만 앞으로 점차 자동화로 표현될 것이다. 그리고 수많은 작업에 로봇을 활용함으로써 생산성 향상이 이뤄질 것이다.

기본적으로 로봇은 논리가 필요 없는 역할을 했다. 하지만 중기적으로 보면 로봇은, 대부분 구조화된 상황에서 논리력과 적응력을 확장할 가능성이 크다. 〈자료 2-6〉은 보스턴컨설팅그룹BCG이 개발한 프레임워크인데, 이것은 인간과 로봇의 노동의 이점을 비교하며 앞으로 로봇 기술의 발전 가능성이 있는 분야가

〈자료 2-6〉 노동 이점에 대한 BCG 프레임워크[13]

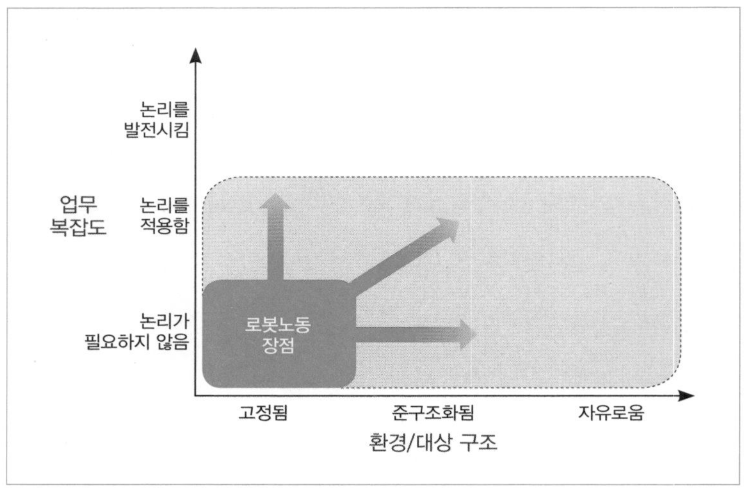

출처: 보스턴컨설팅그룹

어디인지를 보여 준다. 기술이 발전함에 따라 로봇의 전반적인 경제적 생산성 기여 또한 증가할 것이다.

로봇의 잠재성을 논의해 보자면, 체계가 없는 환경에서도 독립적으로 행동하며 논리를 발전시키고 업무를 수행하는 능력을 갖추는 것은 시간이 조금 더 필요하다. 로봇이 이러한 기술들을 배운다고 해도, 인간을 로봇으로 대체하는 것은 투자대비수익률Return On Investment, ROI에서 긍정적이진 않을 것이다.

로봇과 자동화가 생산성 향상에 기여함에 따라 사라지는 직

〈자료 2-7〉 컴퓨터로 인한 실직 확률[14]

직업	가능성
텔레마케터	99%
회계사/감사	94%
소매판매원	92%
기술 관련 문서 작성자	89%
부동산 판매 대리점	86%
타이피스트	81%
기계공	65%
조종사	55%
경제학자	43%
보건 기술자	40%
배우	37%
소방관	17%
편집자	6%
화학 기술자	2%
성직자	0.8%
운동선수 트레이너	0.7%
치과의사	0.4%
레크리에이션 치료사	0.3%

출처: 『고용의 미래(The Future of Employment)』(C. 프레이, M. 오스본, 2013)

업도 있을 것이다. 〈자료 2-7〉에서 볼 수 있듯이, 많은 산업군에서 컴퓨터와 자동화로 인해 일자리가 사라질 것이다. 낮은 교육 수준과 기술이 필요한 일이나, 일의 특성상 정형화되고 반복적

이어서 자동화하기 쉬운 일은 로봇으로 대체될 것이다. 또한 위험한 일자리도 자동화로 인해 사라질 가능성이 크다.

반면 더 많은 교육과 기술이 필요한 직업과, 많은 사람을 대면해야 하는 직업의 전망은 밝다. 이런 직업군은 일자리 감소에 영향을 받지 않고, 오히려 더 많은 일자리가 창출될 것이다. 〈자료 2-7〉에서 자동화와 컴퓨터화가 직업에 어떤 영향을 미치는지에 대해 그 예시를 보여 준다.

텔레마케터

나는 우리가 흔히 '자동녹음전화robocalls'라 말하는 자동 텔레마케팅 전화를 수년간 받았다. 물론 이건 로봇이 아니라 단지 컴퓨터 프로그램이며, 상품이나 서비스를 판매하기 위해 전화를 걸도록 설계, 프로그램되어 있을 뿐이다. 누구나 경험했겠지만, 자동녹음전화 텔레마케터들은 실제 사람 텔레마케터만큼이나 성가시다. 자동화된 프로그램은 사람처럼 지치거나 모욕감을 느끼지 않는다. 또 자동녹음전화를 돌리는 것이 인간 텔레마케터를 고용하는 것보다 훨씬 더 저렴한데, 불행히도 이것이 나뿐만 아니라 많은 사람이 자동녹음전화가 증가할 것이라고 예상하는 이유다.

회계사

텔레마케팅과는 달리 회계사는 고도의 교육과 기술이 필요한 직업이다. 그러나 회계사 작업 중 어느 부분, 특히 감사(監査)와 같은 일은 수많은 데이터를 수집하고 분석한 다음 매우 구체적이며 엄격한 규칙을 적용하는 일이다. 이런 데이터 수집과 규칙 기반 분석은 자동화될 수 있다. 일부 상점에서는 이미 이를 적용하고 있다. 많은 유통업자가 이제 실시간으로 재고를 관리한다. 4장의 〈자료 4-2〉를 보면 로위스Lowe's가 만든 로봇 '로위봇LoweBot'의 출현과 함께 감사가 어떻게 변화할지 엿볼 수 있다.

레크리에이션 치료사와 운동 트레이너

직접 사람을 만나는 직업들은 쉽게 로봇으로 대체되지 않을 것이다. 예를 들어 브룩스톤(첨단 소매업체)은 안마의자를 수십 년간 판매했지만, 그렇다고 해서 마사지 치료사라는 직업이 없어진 건 아니다. 마찬가지로, 운동 트레이너들은 수많은 운동 영상과 홈 트레이닝 장비가 있음에도 여전히 우리 주변에 있다. 그 이유는 단순하다. 운동을 제대로 하려면 사람의 도움이 필요하기 때문이다. 사람이 아닌 장비들은 그렇게까지는 도움을 주지 못한다.

〈자료 2-8〉 미국에서 가장 흔한 직업들[15]

직업	고용인원수
소매판매원	4,155,190
계산원	3,354,170
사무직원	2,789,590
음식 준비/서비스 근로자	2,692,170
공인 간호사	2,751,000
웨이터	2,244,480
고객 서비스 담당자	2,146,120
잡역부/청소부	2,058,610
화물, 재고 및 수작업 자재 이동 작업자	2,024,180
비서 및 관리직원	1,841,020
재고 관리 및 주문 담당 직원	1,795,970
총괄 및 운영 관리자	1,708,080
부기, 회계 및 감사 사무직원	1,657,250
초등학교 교사	1,485,600
트럭 운전사	1,466,740

출처: 미 노동통계국, 프레스티지 이코노믹스 유한회사, Ranker.com

가장 흔한 직업

민간 부문에서 전국적으로 가장 흔한 직업들은 〈자료 2-8〉에서 볼 수 있다. 자동화가 늘어나는 세상에서, 많은 직업 가운데 상당수는 큰 위험에 처해 있다. 판매원, 계산원, 수공업자는 물론이고 화물, 재고, 재고관리 직원과 트럭 운전사도 마찬가지다.

〈자료 2-9〉 주요 산업 분야의 성장률[16]

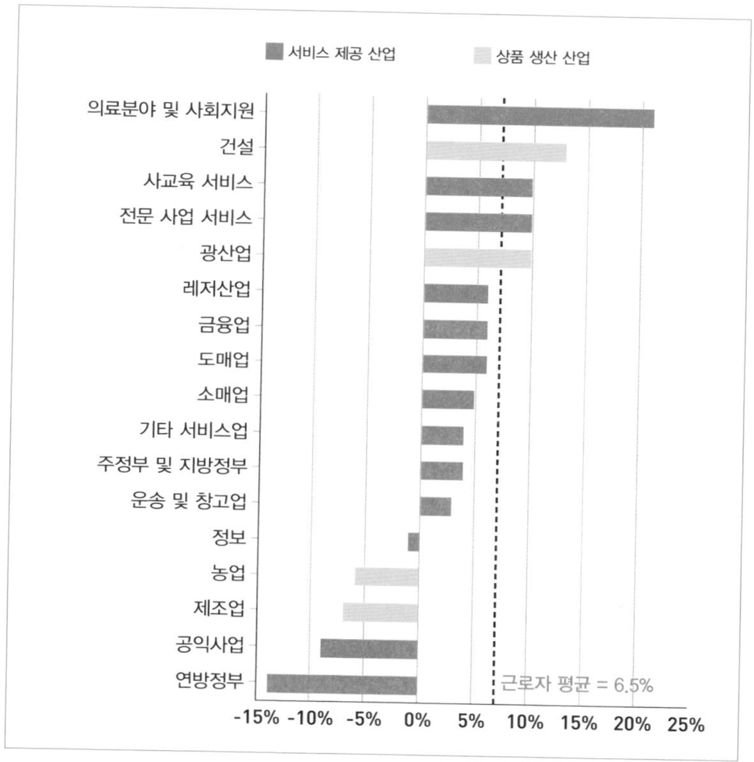

출처: 미 노동통계국

다행히도 다른 일자리에 대한 수요 또한 증가하고 있다. 미국 노동통계국에 따르면, 다음 자료의 맨 윗부분은 미국 인구 고령화 문제를 해결할 수 있는 직업들이 차지한다. 이것이 바로 〈자료 2-9〉에서 2024년까지 의료 관련 직업이 고용 증가율 1위를 새롭게 차지한 이유다. 노동통계국은 서비스업 전반의 일자리 창출이 2024년까지 가장 결정적인 부문일 것이라고 예상한다. 제품을 생산하는 업종 중에서는 건설과 광업이 유일하게 2024년까지 성장할 것이라 예상하지만, 이 둘은 머지않은 미래에 자동화될 가능성이 크다.

직군별로 나타날 새로운 직업

노동통계국에 따르면, 서비스업 중 의료 분야는 2024년까지 일자리 창출 가능성이 크다. 〈자료 2-10〉에서 보면 특히 3대 직업으로 개인 간병인, 정규 간호사, 재택 건강보조원을 들 수 있다. 한편으로 이는 고령화된 미국 인구의 필요를 반영하고 있다.

보건 의료 계열이 아닌 분야 중에서 가장 유망한 직종은 요식업이다. 최근 몇 년간 레스토랑은 새로운 소매점이라는 공감대가 생겨났다. 전자상거래가 가속화되어 온라인에서 더 많은 소매가 이뤄지는 상황에서도, 레스토랑은 음식 준비와 서비스를 담당하는 노동자들과 요리사들이 필요하기에 계속 일자리를 창출할 것이다.

〈자료 2-10〉 직업별 최대 신규 일자리 수[17]

직업	2014–2024 새로운 일자리 예상 수치	2015 연간 급여 중간값
개인 돌봄 지원	458,100	$20,980
공인 간호사	439,300	$67,490
재택 건강 보조원	348,400	$21,920
음식 준비/서비스 근로자	343,500	$18,910
소매판매원	314,200	$21,780
간호조무사	262,000	$25,710
고객 서비스 담당자	252,900	$31,720
요리사	158,900	$23,100
총괄 및 운영 관리자	151,100	$97,730
건설 노동자	147,400	$31,910
회계사/감사	142,400	$67,190
의료 보조직	138,900	$30,590
잡역부/청소부	136,300	$23,440
소프트웨어 개발자	135,300	$98,260
인부	125,100	$25,010
관리보조근로자	121,200	$52,630
컴퓨터 시스템 분석가	118,600	$85,800
주(州) 면허 간호사/간병 전문 간호사	117,300	$43,170
가정부	111,700	$20,740
의료 비서	108,200	$33,040

출처: 미 노동통계국

미 노동통계국에 따르면 의료 분야는 2024년까지 가장 빠른 성장률을 보이는 직업군이다.

〈자료 2-11〉 가장 빠른 성장률을 보이는 일자리[18]

직업	2014-2024 성장률	2015 연간 급여 중간값
풍력 서비스 터빈 기술자	108%	$51,050
작업치료보조사	43%	$57,870
물리치료 보조원	41%	$55,170
물리치료사	39%	$25,120
재택 건강 보조원	38%	$21,920
운전사	37%	$50,470
임상 간호사	35%	$98,190
물리치료사	34%	$84,020
통계학자	34%	$80,110
구급차 운전사 및 긴급구조사	33%	$23,740
작업치료보조원(작업치료보조사의 보조)	31%	$27,800
보조의사	30%	$98,180
운영 연구 분석가	30%	$78,630
개인 금융 어드바이저	30%	$89,160
지도제작자 및 사진측량가	29%	$61,880
유전학 카운셀러	29%	$72,090
통번역가	29%	$44,190
청각학자	29%	$74,890
보청기 전문가	27%	$49,600
검안사	27%	$103,900

출처: 미 노동통계국

〈자료 2-11〉은 노동통계국이 예측한 미국에서 가장 빠른 성장세를 보이는 20개의 직업이다. 20개의 직업 중에 13개가 건강 관련 분야다. 의료 분야는 임금 기준으로 상위 10개의 빠른

〈자료 2-12〉 가장 높은 중간임금 직종[19]

직업	2015 연간 급여 중간값
내과 의사	$187,200
외과 의사	$187,200
구강악안면외과 의사	$187,200
내과 일반의	$187,200
산부인과 의사	$187,200
정신과 의사	$187,200
치과 교정 전문의	$187,200
마취과 의사	$187,200
가족 주치의	$184,390
최고경영자	$175,110
치과의사 / 다른 모든 전문의	$171,000
소아과 일반의	$170,300
마취전문 간호사	$157,140
치과 일반의	$152,700
건축/엔지니어링 관리자	$132,800
컴퓨터/정보 시스템 관리자	$131,600
석유 엔지니어	$129,990
마케팅 관리자	$128,750
판사/치안 판사	$126,930
항공 교통 관제사	$122,950

출처: 미 노동통계국

성장세를 보이는 직업 중 6개를 차지한다. 즉, 의료 분야는 빠르게 성장하고 있는 중이며 해당 분야의 많은 종사자들이 좋은 대우를 받고 있다.

노동통계국에 따르면 의료 서비스 분야는 미국의 중간임금 median annual pay 통계를 봐도 가장 높은 자리를 차지한다. 의료 분야는 상위 10개 중 9개를 포함하여, 미국에서 연봉의 중간 값을 기준으로 가장 높은 임금을 받는 14개 일자리 중에서 13개 일자리를 차지한다. 의료 분야를 제외한 분야에서는 최고경영자 CEO가 10위로, 상위 10위 안에 간신히 들었다. 물론, 이러한 최고 연봉을 받는 의료직은 대학, 의대, 레지던트, 펠로우 과정에 필요한 교육 및 훈련 기간이 길다는 점이 단점이다.

노동시장의 현주소

미국 노동시장의 현주소와 단기 기대치를 보며, 노동시장이 최근 수십 년간 어떻게 극적으로 바뀌었는지 쉽게 알 수 있었다. 농업 일자리는 대부분 사라졌고, 제조업은 1979년 이후 감소하고 있으며, 의료 분야는 성장하고 있다.

자동화, 로봇공학, 컴퓨터화의 주요 동력이 생산성임을 이해하는 것이 중요하다. 간단히 말해서 고용주들은 더 많은 돈을 벌기를 원하고, 자동화는 그러한 기회를 제공한다. 직업의 미래에 커다란 변화가 있다는 데에는 모두 동의하지만 그 미래가 무엇처럼 보일지, 어떻게 노동시장을 변화시킬지가 로보칼립스와 로보토피아 논쟁의 핵심이다.

〈자료 2-13〉 기계 부품과 로봇

최근 미국 정부 데이터는 의료 분야에서 가장 많은 단기 고용 기회가 창출될 것을 보여 준다. 일부 직종은 자동화와 로봇화로 인해 부정적 영향을 받겠지만, 다수의 직종이 인구통계학적 요구, 자동화 가능 업무의 부족, 인간 상호작용에서 진정으로 필요한 것들을 중심으로 성장하고 있다. 이런 이유로 병원은 로봇으로 금방 대체될 것 같지 않다.

로봇은 많은 일을 할 수 있지만 그들이 할 수 없는 단 한 가지가 있다면, 그것은 인간과의 진정한 접촉을 경험하는 일이다. 또한 계속 성장하는 의료 현장에서는 반복적이거나 정형화되지 않은 활동들을 많이 요구한다. 실제로 이 직업들이 자동화 후보로는 적합하지 않다는 의미다.

변화의 속도는 과거보다 앞으로 더욱 빨라질 것이다. 특히 코로나19 대유행, 셧다운, 경기 침체에 따라 의도치 않은 디지털 전환을 급격하게 경험하는 세계에서는 더욱 그렇다.

일부 노동자들은 변화하는 노동력 요구에 적응하기 어려울 수 있다. 그러나 자신들이 필요한 곳에 적극적으로 찾아가 적응할 마음이 있는 노동자들은 변화하는 세상에서 주요 수혜자가 될 것이다.

다음 두 장에서는 로보칼립스의 위험성과 함께 로보토피아의 긍정적 잠재성을 다룰 것이다. 자동화는 우리 직업에 결정적 역할을 할 것이고 미래는 어느 방향으로든 나아갈 수 있지만, 나는 결국 그 중간 어디쯤일 것이라고 생각한다. 앞으로의 미래는 자신에게 주어진 기회를 어떻게 활용하느냐에 따라 크게 달라진다.

3장

로보칼립스, 일자리의 부정적 미래

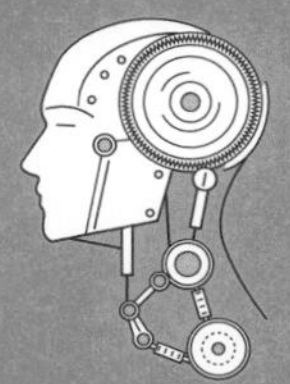

JOBS FOR ROBOTS BETWEEN ROBOCALYPSE AND ROBOTOPIA

로보칼립스와 로보토피아의 논쟁에서, 로보칼립스 측은 '이번에는 다르다'고 주장한다. 로보칼립스 예언자들은 이번에는 이전과는 다른 주요한 근본적 차이 네 가지가 있으며, 바로 이것으로 인해 우리 세계가 비참한 종말을 맞이할 것이라고 강조한다.

- 사람들은 노동시장의 변화를 따라갈 수 없다.
- 모든 직업이 사라진다.
- 사람들은 삶의 목적을 상실한다.
- 로봇이 인류를 집어삼킬 것이다.

그러나 '이번에도 결코 다르지 않다.' 타이피스트, 카피 보이(신문사나 출판사 등에서 원고 심부름을 하는 아이–옮긴이), 톨게이트 직원이 이미 대부분 사라진 것과 마찬가지로 자동화 시대에도 사라지는 직업이 있다. 그리고 기술의 진보와 상관없이 사람들은 여전히 일을 해야 하며, 또 해야 하는 일이 있다.

로보칼립스 측 주장 ① 사람들은 노동시장의 변화를 따라갈 수 없다

로보칼립스를 예언하는 사람들은 자동화 시대에 노동의 본질적 변화는 역사상 다른 어떤 때보다 다를 것이라고 주장한다. 변화의 속도가 유례없을 정도로 급속하게 일어난다는 데에는 물론 동의하지만, 변화의 규모는 산업혁명 때보다는 작을 것으로 생각한다.

1장에서 보았듯이, 산업혁명은 수천 년은 아니더라도 몇 세기간 존재해온 경제 구조를 전복했다. 그러나 자동화 시대에는 많은 요소가 이전과 비슷할 것이다. 여전히 서비스 지향적인 일과, 기술이나 교육을 요구하는 직업, 농산업을 제외한 대부분이 전문적인 업무 환경일 것이라는 의미다. 자동화가 지식 기반 업무와 교육에 부과되는 프리미엄을 심화시키는 한편, 우리는 원격 업무 환경으로 빠르게 돌입할 것이다. 이것은 산업혁명 때 겪은 전환에 비하면 훨씬 작은 변화들이다.

자동화 시대에 뒤처지지 않는 것이 곧 우리의 도전과제다. 여기엔 선택의 여지가 없다. 그나마 다행인 점이 있다면 '경제는 역동적'이라는 사실, 그리고 자동화와 로봇의 물결이 점차 다가오고 있다는 것을 우리가 잘 안다는 것이다. 또 어느 때보다 더 열려있는 교육의 기회와 그 가치를 안다. 우리는 이전보다 노동시장에서 일어날 실제적 변화에 더욱 잘 대비하고 있으며, 사실 이보다 더 잘 준비할 수 있다. 물론 한편으론 기술 및 교육의 수준과 소득이 낮은 직업들이 로보칼립스의 위협 앞에 있다는 점을 알아야 한다. 로봇이 그런 일들을 대신 하고자 몰려올 것이다.

로보칼립스 측 주장 ② 모든 직업이 사라진다

로보칼립스를 예언하는 사람들은 모든 직업이 자동화로 인해 사라질 것이라고 주장한다. 사라지는 직업이 있겠지만, 모두 다 자동화에 취약한 것은 아니다.

자동화로 인해 노동시장은 교육과 기술을 축으로 두 갈래로 나뉘는 상황이 올 가능성이 크다. 〈자료 3-1〉에서 보듯, 제조업, 운송업과 같은 일부 업종은 자동화될 확률이 높다. 그러나 교육, 관리, 전문가, 정보, 의료와 같은 업종은 자동화되기 힘들다. 즉, 교육받은 전문직 종사자일수록 로보칼립스의 위험이 낮아진다.

로보칼립스의 실재: 비숙련 직업은 사라진다

비숙련, 저임금 직업, 특히 반복적이거나 위험한 작업은 로보

〈자료 3-1〉 자동화의 잠재성[1]

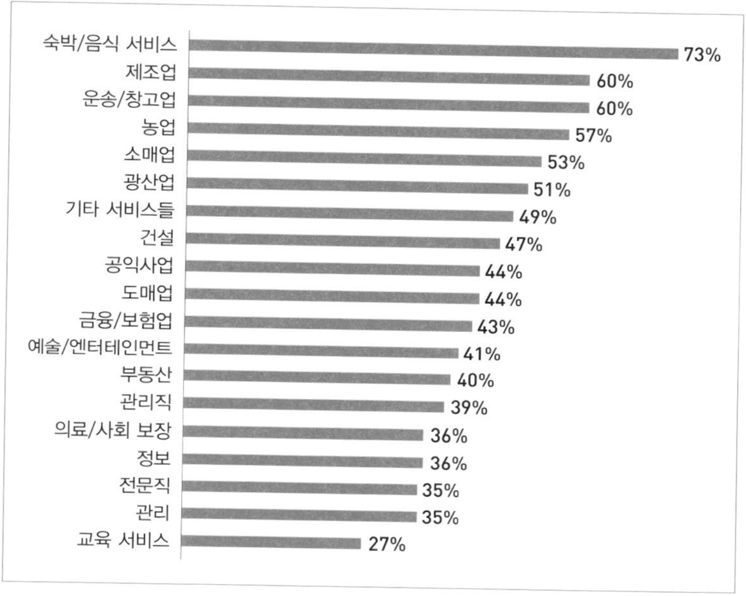

출처: 맥킨지 글로벌연구소, 미국 노동부

칼립스를 맞이할 것이다. 맥킨지 글로벌연구소의 자동화에 관한 연구에 따르면, 수작업이나 기술이 많이 필요하지 않은 직업은 자동화의 위험을 피할 수 없다.[2] 〈자료 3-2〉를 보면 알 수 있다. 이 데이터는 그 위험성을 잘 보여 주고 있지만 로보칼립스의 잠재적인 측면을 모두 반영한 것은 아니다.

〈자료 3-2〉 자동화의 위험이 높은 비숙련 직업[3]

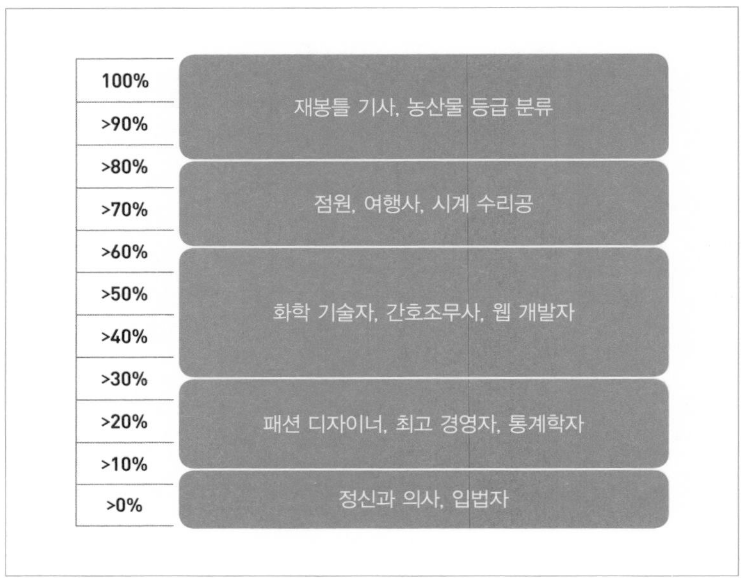

출처: 『고용의 미래』

로보칼립스의 실재: 저임금 직업은 사라진다

비숙련 직업뿐 아니라 저임금 직업도 로보칼립스의 위험에 처해 있다. 〈자료 3-3〉에서 시간당 40달러 이상을 받는 직업은 자동화될 확률이 4퍼센트에 불과하지만, 시간당 20달러 미만을 받는 직업은 83퍼센트로 매우 높은 것을 볼 수 있다.[4]

이런 경제 양극화는 자동화로 인해 실직한 근로자들이 다른 일을 찾을 수 있도록 돕기 위한 정책의 필요성과 함께 지적 자

〈자료 3-3〉 자동화의 위험이 높은 저임금 직업[5]

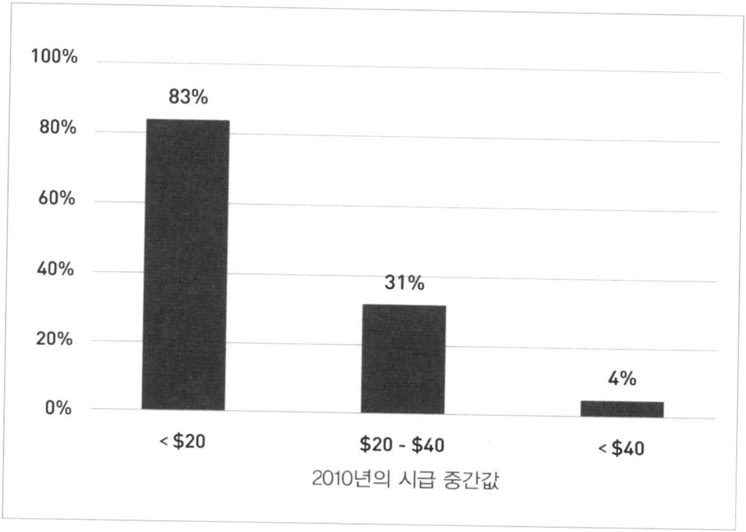

100%
80%
60%
40%
20%
0%

83%
31%
4%

< $20
$20 - $40
< $40

2010년의 시급 중간값

출처: 노동통계국, Frey and Osborne (2013), 비용효과분석(Cost-effectiveness) 산출

본을 기반으로 한 일자리의 가치를 강조한다. 좋은 기술을 배울 수 있도록 그 문턱을 낮추는 일은 매우 중요한 문제다. 그렇지 않으면 경제난이 정치권까지 파급될 위험이 있다. 그리고 기술을 쌓을 기회가 부족하다면 6장에서 살펴볼 보편적 기본소득의 씨앗이 될 수 있다.

로보칼립스의 실재: 저학력 직업은 사라진다

낮은 수준의 교육만으로 가능한 직업들도 저임금 직업과 함께 로보칼립스의 위험에 처해 있다. 2016년 12월에 대통령비서실에서 발행한 '인공지능과 자동화와 경제' 보고서에는 저임금, 비숙련 직업에 관한 데이터가 포함돼 있는데, 이는 〈자료 3-3〉과 〈자료 3-4〉에서 볼 수 있다.[6]

보고서에 따르면, 고등학교 졸업 미만의 수준을 요구하는 직업 중 44퍼센트는 '자동화 될 가능성이 큰' 반면, 대학원 학위를 요구하는 직업 중에 자동화될 가능성이 큰 일자리는 0퍼센트다. 또한 학사 학위를 요구하는 직업 중에는 1퍼센트만

〈자료 3-4〉 자동화의 위험이 높은 저학력 직업[7]

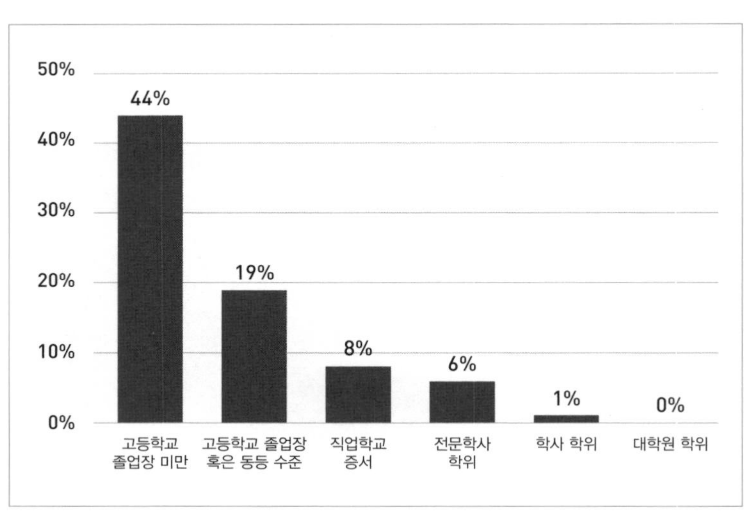

출처: 2012 국제성인역량조사(The Programme for the International Assessment of Adult Competencies, PIAAC)를 기반으로 Arntz, Gregory, Zierahn이 산출(2016), 미 정부

이 자동화 가능성이 큰 것으로 간주된다. 이 그래프는 로보칼립스의 희생자가 되는 것으로부터 나를 지키는 교육의 가치를 보여 준다.

로보칼립스 위험에 처한 세상[8]

그렇다면 자동화로 인해 얼마나 많은 일자리가 사라질 위험에 처해 있는가? 이것은 누구에게 묻느냐에 따라 답이 매우 달라진다. 자동화의 영향에 관한 많은 연구들이 있다. 2013년 프레이Frey와 오스본Osborne의 연구는 무려 미국 일자리의 47퍼센트가 자동화 위험이 크다는 것을 보여 준다. 프레이와 오스본은 또한 다음과 같이 자동화의 위험이 해외에서 더욱 유의미하다고 주장한다.

- OECD의 자동화 잠재력은 약 57%
- 중국의 자동화 잠재력은 약 77%
- 인도의 자동화 잠재력은 약 69%

맥킨지가 제시하는 미래는 이보다 더 부정적이다. 지구상 모든 활동의 절반이 잠재적으로 자동화될 가능성이 있는 종말론적 로보칼립스를 예측했다.[9]

저서 『코로나 이후 불황을 이기는 커리어 전략』에서도 밝혔듯이 경기 침체가 특정 지역에 국한될 수 있다. 이 특정 지역은 다른 곳보다도 자동화 위험에 더욱 노출될 수 있을 것으로 보이는데, 이는 저비용 제조업이 몰려 있는 지역들에서 특히 그렇다.

많은 경제학자들이 지난 수십 년간 모든 저비용 제조업이 결국 아프리카로 옮겨갈 것이라 예측했다. 그러나 비숙련 직업은 자동화될 가능성이 크기 때문에 제조 시설을 아프리카로 이전함으로써 얻을 수 있는 인건비 절감 효과보다는 로봇을 쓰는 것이 더 효율적일 수 있다.

미국 전역이나 세계 경제 무대에서 로보칼립스가 일어날 것 같지는 않다. 그러나 특정 도시에서는 다른 곳보다도 더욱 로보칼립스에 노출되어 있다.

노동자들을 로보칼립스의 위험에 처하게 하는 요인들, 그리고 기술과 혁신 허브에 대한 긍정적 잠재력을 고려해 본다면, 자연스럽게 고학력, 고도화된 기술, 고소득 인력이 있는 도시들에서 로보칼립스의 위험이 낮다는 것을 알 수 있다. 〈자료 3-5〉에서 로보칼립스 위험이 가장 낮은 미국의 도시가 정리되어 있다. 첨단 기술이 있는 샌프란시스코 같은 도시에서는 그 위험이 적지만, 그러한 기술이 없는 도시의 경우 위험도가 매

〈자료 3-5〉 자동화 위험에 노출된 미국 도시들[10]

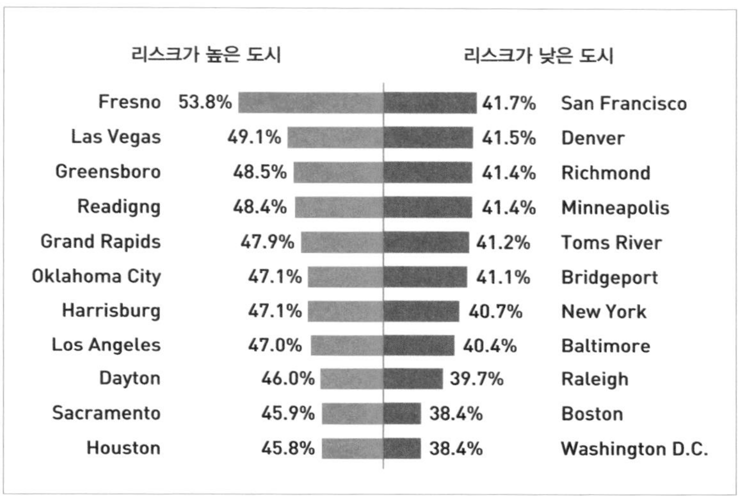

출처: 세계경제포럼

우 높다.

〈자료 3-5〉에서 도시를 나눈 위험도의 결정적 기준이 결국 교육, 소득, 기술이라는 것을 알 수 있다. 버클리 대학교 경제학 교수인 엔리코 모레티Enrico Moretti는 그의 저서 『직업의 지리학The New Geography of Jobs』에서 '경제 발전 효과는 도시와 지역에 따라 크게 다르다.'라고 지적한 바 있다. 일자리와 인구, 부(富)가 기술과 혁신의 허브 도시로 재분배되면서 어느 도시의 거주자들은 유익을 얻지만, 어느 지역의 거주자들은 손해를 본다는 것이다.[11] 즉, 기술 허브를 이루는 도시의 경우 로보칼립스 잠재성의 위험에서 조금 더 안전하다. 더불어 기술집약적 산업과 혁신이 있는 도시는 계속 성장할 수 있다.

이와는 반대로 비숙련, 저학력, 저소득 인력이 많은 도시들은 총체적으로 로보칼립스의 위험에 빠질 것이다. 도시별로 자동화 위험성이 모두 다양한 이유다.[12]

앞으로 노동자들이 직면할 직업적 위험과 과제는 결코 새로운 것이 아니다. 최근 몇 년간 비숙련 노동자들이 많은 지역에서 세계화가 이루어졌다. 그리고 그보다 훨씬 오래전인 1930년에 존 메이너드 케인스John Maynard Keynes가 만든 용어인 '기술적 실업의 위험the risk of technological unemployment'은 오랜 시간 동안 위험 요소이자 우려의 대상이었다. 다시 말해 기술적 실업은 경기 순환과는 별개로 발생하는 실업이다. 이것은 기술 발전의 명백한 결과로써 모든 사람에게 유익을 주지 않으며, 우리가 자동화로 인해 현재 직면한 위험이기도 하다.

운송업의 종말이 온다

특정 산업의 경우 로보칼립스는 단순히 일정 기간 일자리가 줄어드는 것을 넘어 그 산업 전체가 없어지는 형태로 나타날 것이다. 이 변화로 인해 많은 사람들이 실업자로 전락할 수 있는데, 그 이유는 노동자를 고용하기가 어렵고 이들의 기술도 더 이상 필요하지 않기 때문이다. 존 메이너드 케인스는 1930년에 다음과 같은 글을 쓰면서 '기술적 실업technological unemployment'의 개념을 인정받았다.

"누군가는 이름조차 들어보지 못했을 수 있지만 우리는 앞으로 몇 년 동안 새로운 질병, 즉 '기술적 실업'이라는 병에 시달릴 것이다. 이것은 우리가 노동력을 투입할 새로운 영역을 찾는 속도보다 노동을 절약할 수 있는 수단의 발견이 빠를 때 발생하는 실업을 의미한다. 그러나 이것은 일시적으로 불균형한 단계일 뿐, 인류가 이러한 경제적 문제들을 시간이 지남에 따라 해결할 것임을 보여 준다. 나는 100년 후 진보된 국가의 생활수준이 지금보다 4~8배 더 높아지리라 예측한다. 우리 현재의 지식에 비춰보아도 이는 전혀 놀랄 일이 아니며, 훨씬 더 큰 발전 가능성을 고려하는 것 역시 어리석은 일이 아니다."[13]

케인스는 우리가 오늘날 자동화와 로봇공학으로 인해 직면한 문제들과 유사한 도전 과제들을 이야기했다. 그의 글에서 혼란에 관한 우려와 동시에 생산성, 성장, 소득, 기술 향상에 관한 희

망도 함께 읽을 수 있다.

오늘날 가장 큰 위험에 처해 있는 분야 가운데 운송업이 있다. 아마도 로보칼립스와 대량 실업의 문제에 있어 가장 큰 위기에 놓인 분야는 운송업일 것이다. 〈자료 3-6〉에 따르면 노동통계국은 220~310만 명의 운송업 종사자들이 자동화의 위협을 받고 있다고 추산했다.[14] 운송업에 종사하고 있는 사람들은 한마디로 우유팩과 같은 신세로, 유통기한 만료일이 다가오고 있으며 그날은 우리 생각보다 이를 수 있다.

비록 운송업이 사라진다고 할지라도 이 변화에는 여전히 긍정적 요소가 있다. 일단 자율주행 자동차는 술을 마시지도 않고, 졸지도 않으며, 문자를 보내면서 주의가 산만해지지도 않기 때문에 더욱 안전하다. 한 연구 결과에서는 자율주행 자동차가 매년 3만 3천 명의 미국인들의 생명을 구할 수 있다고 추정한다.[15]

운송 자동화에 경제 발전의 요소도 내재되어 있다. 빵을 먹으면서 밀가루가 수작업으로 분쇄되지 않는 현실에 슬퍼하는 사람은 누구도 없다. 마찬가지로, 언젠가 우리는 트럭이 알아서 운전하고 트럭 운전사라는 직업 역시 더 이상 흔하지 않게 되더라

〈자료 3-6〉 위험에 처한 운송업[16]

직업	전체 직업 수	대체 가중치 범위	위협받는 일자리 숫자 범위
버스 운전사– 대중교통 / 광역버스	168,620	0.60 - 1.0	101,170 - 168,620
경량 트럭 운전사 배송 서비스 운전사	826,510	0.20 - 0.60	165,300 - 495,910
중량 트럭 운전사 트랙터–트레일러 트럭 운전사	1,678,280	0.80 - 1.0	1,342,620 - 1,678,280
버스 운전사 – 스쿨버스 / 특수 승객	505,560	0.30 - 0.40	151,670 - 202,220
택시운전사 개인 전속 기사	180,960	0.60 - 1.0	108,580 - 180,960
자영업 운전자	364,000	0.90 - 1.0	328,000 - 364,000
전체 일자리	3,723,930		2,196,940 - 3,089,990

출처: 미국 노동부

도 안타까워하지 않을 것이다. 4장에서 운송 자동화의 긍정적 요인 몇 가지를 논의해 보자.

핀테크: 금융으로 찾아온 로보칼립스

고숙련, 고학력, 고소득 직군이지만 로보칼립스의 위협을 받고 있는 금융업에 대해서도 살펴보자. 제리 캐플런Jerry Kaplan 같은 일부 미래학자들은 'IT의 발전이 이미 노동시장이 적응할 수 있는 것보다 훨씬 빠른 속도로 산업과 일자리를 맹렬히 밀어붙이고 있으며 이는 앞으로 더 악화할 것'이라고 지적했다.'[17] 캐플

런은 "실리콘밸리 기업가들의 궁극적 바람은 산업 전체의 붕괴다. 왜냐하면 그곳에서 큰돈을 벌어야 하기 때문이다."라고 지적했다.[18]

안타깝게도 자동화와 혼란으로 가장 큰돈을 벌 수 있는 곳은 운송업과 관련된 그 어디에도 없다. 가장 큰돈을 벌게 하는 것은 금융시장에 혼란을 야기하는 것이다. 로봇은 이미 전통 금융서비스, 그리고 월 스트리트에 도달해 있다. 심지어 이런 유형의 혼란을 일컫는 용어도 있다. 바로 핀테크다.

로봇은 비숙련, 저임금, 저학력 직종으로 다가오고 있다. 물론 다른 직업군으로 나아갈 수도 있다. 나는 얼마 전 이 로봇들이 내게도 오고 있다는 것을 알았다.

내가 핀테크라는 단어를 처음 들은 것은 2016년 5월에 아멜리아섬에서 애틀랜타 연방준비은행의 금융시장 콘퍼런스에 참석했을 때였다. 나는 지난 7년간 이 회의에 참여했는데, 이 연례회의에서는 세계 최고의 경제학자 100여 명과 함께 연방은행 총재, 정부 규제 당국, 학계, 연방준비은행 이사회 의장이 그날의 가장 뜨겁게 논의되는 경제, 재정 정책과 통화 정책 문제를 논의한다.

나는 수년간 알고 지낸 기자와 함께 이른 5월의 아름다운 플로리다를 즐기고자 일부 회의에는 참석하지 않았다. 그때 내 친구는 핀테크를 전문으로 다루는 다른 기자와 함께 있었다. 당시 나는 핀테크를 들어보지 못했을 때였다. 나는 천진난만하게 “그게 뭐야?” 하고 물었고, 그 기자는 핀테크가 “비트코인 같은 것”이라고 말했다. 나는 비트코인이 디지털 통화임은 알고 있었다. 그러고 나서 프레스티지 이코노믹스의 영업사원을 고용하려 했던 몇 달 후까지도 이 대화에 대해선 별로 생각하지 않았다. 당시 나는 영업사원으로 적절한 구직자를 찾는 데 어려움을 겪었다. 자격을 갖춘 사람들이 떼를 지어 빠져나가고 있었는데, 왜 그런지 몰랐다.

결국, 한 선임 영업사원이 내게 말하기를 금융시장 조사에서 모든 사람이 손을 떼고 있는데 그 이유가 바로 핀테크 때문이라는 것이다. 본질적으로 보면 로봇이 내가 하던 사업을 방해하고 있었고, 이 사실을 들은 후 나는 핀테크에 대한 모든 것을 배우기 위해 메사추세츠 공과대학교에서 핀테크 과정을 수강했다. 로봇은 나에게 다가오고 있었지만 나는 미처 그것을 몰랐다.

핀테크는 금융 기술계에 등장한 신조어로, 기존의 금융 기관을 뒤흔드는 수많은 비즈니스를 말한다. 핀테크 기업은 은행이 담당하던 거래에 수수료를 줄이거나 복잡하지 않도록 만들어

〈자료 3-7〉 플로리다주 잭슨빌 공항에 걸린 포스터[19]

거래 사용의 편의성을 높였다.

금융 서비스에 영향을 미치면서 핀테크에 대한 인식이 더욱 확대되고 있다. 〈자료 3-7〉의 포스터는 2016년에 내가 핀테크라는 용어를 처음 들었던 콘퍼런스에 가려고 들른 잭슨빌 공항에 걸려 있던 것이다. 잭슨빌은 핀테크 허브가 아니기에, 이 포스터가 거기에 있었다는 것은 업무 자동화, 핀테크, 로보어드바이저에 대한 인식이 널리 퍼지고 있음을 의미했다. 그때가 2016년 5월이었다.

자산 관리는 오랫동안 컴퓨터와 통계 분석, 프로그래밍의 도움을 받았다. 핀테크는 때로 소극적 거래 전략passive trading strategies으로 자산 관리 시장을 교란하고 있다. 이 전략 중 일부는 '로보어드바이저'로 알려졌는데 로봇과 같은 자동화 특성이 있기 때

〈자료 3-8〉 금융 자문에 핀테크가 미친 영향[20]

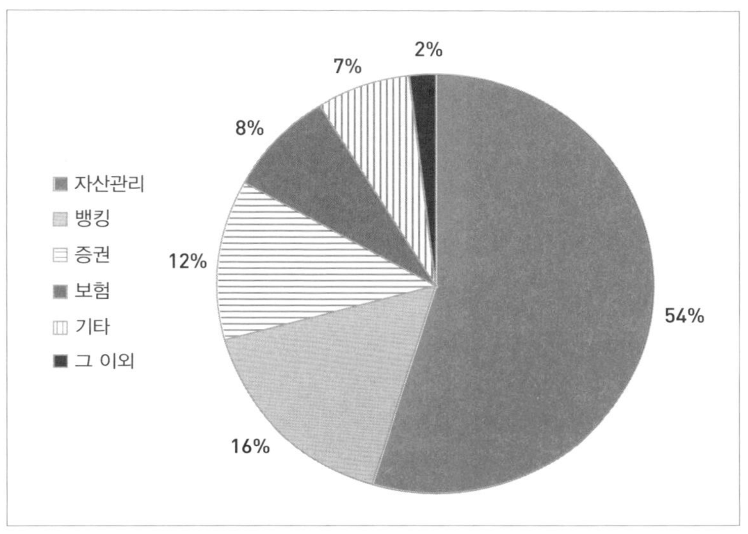

출처: CFA 인스티튜트

문이다. 그리고 그 결과는? 자산관리사들은 일자리를 잃었고, 자산 운용의 붕괴 가능성이 매우 커졌다〈자료 3-8〉.

영화 〈월 스트리트〉에서, 고든 게코Gordon Gekko는 버드 폭스Bud Fox에게 "왜 펀드매니저들이 S&P 500을 넘어설 수 없는지 궁금하지 않은가?"라고 묻는다. 상장지수펀드Exchange Traded Funds, ETFs의 출현과 함께 펀드매니저와 개인 투자자들은 S&P(와 기타 지수들)를 그냥 구매할 수 있게 되었다. 이 ETF의 대다수는 매우 유동적이다.

소극적 자산 관리 기법과 로보어드바이저는 적극적 자산 관리보다 관리가 쉽고 저렴할 때가 많다. 이 전략은 적극적 자산 관리 전략보다 상당히 저렴한 비용으로 구현할 수 있다. 자산관리사가 더는 필요하지 않기 때문이다. 여기에는 컴퓨터 프로그램이 전략 업무, 분석, 기획뿐 아니라 증권을 사고파는 것까지 모든 것을 하는 규모의 경제가 있다.

금융과 거래에서 소극적 자산 관리 기법이 채택된 데는 이 분야의 많은 기업이 수년 동안 블랙박스나 알고리즘, 그리고 기술 거래 전략과 같은 기술들을 사용하고 있기 때문이다. 컴퓨터의 도움을 받으면 시장조사와 같은 비용이 많이 드는 항목들도 더는 예산을 차지하지 않는다. 컴퓨터 거래 프로그램은 맥락을 읽지 않는다. 기준선만 좋아할 뿐이다. 특히 거래된 증권 가격이 오랫동안 계속해서 유지한 비용보다 더 높은(혹은 낮은) 기준선을 좋아한다.

〈자료 3-9〉에서, 몇 가지 중요한 거래 기술과 함께 금 가격을 볼 수 있다. 이 자료는 상승 지지선(지지선support line이란 상승 경향 직전의 가장 낮은 포인트를 의미한다. –옮긴이)을 보여주는 파란색

대각선보다 아래에 위치했던 시점인 2015년 12월부터 2016년 9월까지 금 가격이 얼마나 급격히 하락했는지를 보여준다. 가격은 상대적으로 오랫동안 지지선보다 높았다. 이것은 트레이딩 로봇(컴퓨터)이 주목하고 있는 부분이기도 하며, 수개월 간 우리 연구 과정 전반에서 내가 강조했던 것이기도 하다.

도표에서 볼 수 있듯이, 큰 매도 이전에 상승 대각선 아래로 가격 하락이 있었다.(상단 곡선은 하락 추세선, 맨 아래의 곡선은 상승 추세선이다. 가운데 곡선은 이동평균선이다. 하락 추세선은 시세의 최고가를 이어서 그리고, 상승 추세선은 시세의 최저가를 이어서 그리게 된다. 하락 추세선은 저항선으로, 상승 추세선은 지지선으로 볼 수 있다. 지지선과 저항선은 금을 매도하거나 매수할 때 가격 기준선의 역할을 한다. –옮긴이)

기술 거래가 점점 중요해지면서 분석가들은 컴퓨터에 어떤 지원을 하는 것을 다른 시장에서 중요하게 여기는지 파악하고자 노력했다. 이것이 바로 공인시장분석가Chartered Market Technician, CMT 자격을 가지려는 금융 전문가들의 수가 많이 증가한 이유다. 나는 소극적 자산 관리와 로보어드바이저가 계속 성장함에 따라 이런 종류의 거래 역학이 더욱 중요해지리라 예측한다.

〈자료 3-9〉 금값이 보여 주는 기술의 중요성[21]

출처: eSignal

로보칼립스 측 주장 ③ 사람들은 삶의 목적을 상실한다

교통, 금융뿐만 아니라 다른 직종들도 자동화 위험에 처해 있지만, 로보칼립스 측의 주장처럼 사람들이 삶의 목적을 잃어버릴 것이라는 말은 과하다. 사람들은 앞으로도 오랫동안 직업을 가질 것이다. 또 자동화가 일어난다고 해서 바로 일자리가 사라지는 것도 아니다. 기술이 확산하는 데는 시간이 오래 걸릴 수 있다. 2017년 기준 7억 8,300만 명의 사람들이 깨끗한 물을 쓰지 못하는 것,[22] 25억 명의 사람들이 적절한 위생시설을 누리지 못하는 것,[23] 12억 명의 사람들이 전기를 사용할 수 없다는 사실에 대해 생각해 보자.[24] 이것은 비교적 오래된 기술임에도 세계의 많은 지역에서는 여전히 낙후된 채 머무르는 실정이다. 사람들이 앞으로도 오랫동안 직업을 가질 것임을 보여 준다.

로보칼립스 측 주장 ④ 로봇이 인류를 집어삼킬 것이다

로보칼립스를 전망하는 사람들의 마지막 주장은 컴퓨터가 세상과 모든 사람을 파괴하도록 기이하게 작동할 것이라는 내용이다. 이 주장은 모든 로보칼립스 영화의 원천이다. 몇 가지 우려되는 점이 있긴 하지만, 로보칼립스 측 주장은 지나치게 극단적이다.

마이크로소프트MS가 개발한 인공지능 챗봇Chatbot 테이Tay를 트위터를 통해 전 세계에 공개하려던 프로젝트의 비참한 실패를 기억하는가? 출시된 지 16시간 만에 인종차별주의, 과격한 반유대주의, 그리고 기타 정제되지 않은 혐오 발언들을 배웠다.[25] 당연히 그 프로젝트는 빠르게 중단됐다. 나는 누가 됐든 인공지능 프로젝트를 대중에 공개하려면 시간이 좀 걸릴 것이라고 생각한다. 컴퓨터가 인간의 의도와 다르게 작동할 수도 있다는 위험성 측면을 생각해 볼 때 우리는 앞으로 프로젝트 관리 기술이 얼마나 더 중요해질지를 알 수 있다. 나는 이 주제를 8장에서 광범위하게 논할 것이다.

자동화 정점을 찍은 뉴욕

2016년 가을에 언론사, 클라이언트들과 함께 뉴욕에 다녀온 적이 있다. 그때는 내가 이 책을 작업하던 시기라, 그곳에서 자동화와 로봇공학이 이미 큰 역할을 하고 있음을 짐작할 수 있었다.

나는 요텔Yotel에서 키오스크로 체크인을 했다. 편의점에서는 자동계산대를 이용해 음식을 샀다. 밤낮으로 한 회의를 마치고 체크아웃한 이후, 〈자료 3-10〉의 요봇Yobot이라 하는 로봇에 짐을 맡겼다. 늦은 시간, 그 로봇에게서 짐을 찾은 다음 공항으로 갔고, 그곳에서 아무와도 말하지 않고 태블릿으로 스시를 주문했다.

내가 만났던 클라이언트와 기자들을 제외하고는 매우 자동화된 뉴욕 여정이었다. 뉴욕의 인건비는 무척 비싸니 자동화는 분명히 합리적일 것이다.

내가 만난 다양한 자동화 시스템들을 생각해 봤을 때, 이것이 과연 로보칼립스가 다가오는 징조가 될지 궁금했다. 그러나 호텔리어 로봇 하나로 로보칼립스가 오고 있다고 여기는 건 과하다.

〈자료 3-10〉 미래의 호텔리어인 뉴욕의 요봇[26]

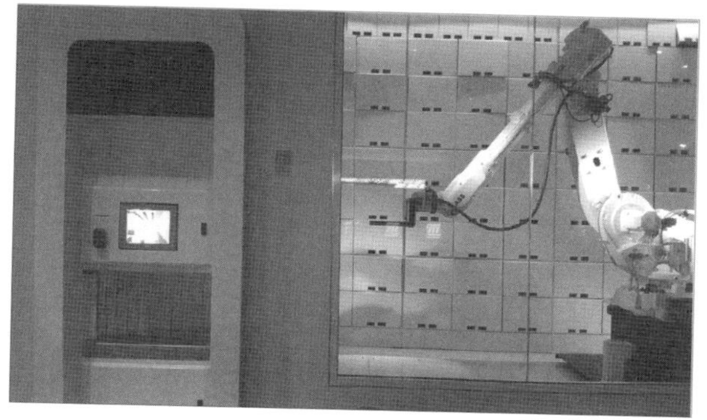

자동화와 로봇공학이 앞으로 무엇을 불러올 것인가. 나는 투자대비수익률에 도달하기까지 몇 년은 족히 걸릴 것이라고 언급한 바 있으나, 코로나19 이후 사람들 사이의 거리 두기를 실현하는 기술에 우선순위가 주어질 것이다.

고용주가 직원을 해고하도록 유도하는 세금정책은 곧 자동화를 촉진한다. 5장에서 언급될 것이지만, 기술을 그리 요하지 않는 작업을 자동화하는 요인들이 점차 많아지고 있다. 복지 자금 조달 문제로 날마다 높아지는 피고용주 의료보험비, 최저임금의 상승 등은 일자리를 없애고 자동화를 부추기는 동기를 제공하여 불필요한 로보칼립스를 불러올 수 있다.

2016년 처음 초판본을 집필할 때만 해도 내가 자동화, 로봇, 일자리의 미래를 우려하는 몇 안 되는 사람이라 생각했다. 지난

〈자료 3-11〉 텍사스에 걸린 포스터[27]

1년 간 나와 이야기했던 경영진과 기업들도 그렇게 느끼고 있었다. 그러나 사실은 나만, 혹은 기업 경영진들만 이를 느끼는 것이 아니다. 이 문제는 모든 사람들이 생각하고 있으며 또 알고 있다.

텍사스의 오스틴 출신으로서 텍사스 이야기를 덧붙여 보자면, 텍사스의 모든 사람은 오스틴이 중요한 기술 중심지라는 것을 알고 있다. 그러나 사람들 대부분이 알지 못하는 것은 직업의 미래라는 화두가 이미 텍사스의 중심에 깊이 침투했다는 사실이다. 〈자료 3-7〉의 내가 잭슨빌에서 처음 봤던 것과 비슷한 사진 광고에서도 알 수 있다. 〈자료 3-11〉의 광고는 텍사스에서 본 것이다.

나는 사람들에게 이 광고가 텍사스의 어느 공항에 걸려 있었다고 말하며, 로보어드바이저, 핀테크, 자동화, 로봇, 인공지능 이라는 키워드 가운데 텍사스에서 뜨거운 관심을 받는 것이 뭐라고 생각하는지 물어보았다. 또 이 포스터가 어디에 있었을 것 같은지 물어보았을 때 사람들은 오스틴, 댈러스 혹은 휴스턴 등과 같은 대도시일 것이라 말했다. 아무도 맞히지 못했지만 이 포스터가 있는 곳은 텍사스의 어느 작은 도시일 뿐이었다. 이것이 의미하는 바는 무엇인가. 2017년의 이야기다.

자동화와 로봇은 어디에도 존재하지 않는
완벽한 세계로 안내할 것이다.
로봇의 메시아 시대는 없겠지만, 대신 수많은 이점과 장점이 있을 것이다.

4장

로보토피아, 일자리의 긍정적 미래

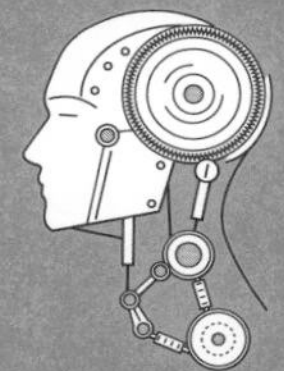

JOBS FOR ROBOTS

BETWEEN ROBOCALYPSE

AND ROBOTOPIA

가장 완전한 형태의 로보토피아는 로봇이 모든 일을 다 하고, 사람들은 무한히 여가생활을 누리는 세상일 것이다. 나는 16세기 토머스 모어의 소설 『유토피아』에서 '빈곤과 절망 같은 사회악들이 제거된 이상적 상태의 묘사'라 표현하고 있는 유토피아를 주목하고 싶다.[1] 이것이 유토피아의 본래 형태일 것이다. 사실 많은 사람들이 다가오는 로보토피아에 대해 비슷하게 말한다. 누군가에게는 완벽하고 완전한 여가의 세계란 보편적 기본소득이라는 공짜 돈을 주는 곳을 의미할 것이다. 6장에서는 아무도 일하지 않고 모든 사람이 보편적 기본소득을 받는 완전한 로보토피아가 왜 실현될 수 없는지, 그리고 그것이 사회에 얼마나 많은 문제를 일으킬 수 있는지에 대해 다룰 것이다. 일단 지금은, 코로나19 대유행에 따라 수요가 더 커질, 현실적으로 달성 가능한 자동화의 긍정적 잠재력에 초점을 맞추자.

'유토피아'는 그리스어의 '아무 데도 없다'라는 뜻에서 파생되었다. 자동화와 로봇은 어디에도 존재하지 않는 완벽한 세계로 안내할 것이다. 로봇의 메시아 시대는 없겠지만, 대신 수많은 이점과 장점이 있을 것이다.

로봇이 가져다줄 자유

자동화 시대가 오면 사람들은 더 많은 이동과 시간의 자유를 누릴 것이다. 더 많은 상품이나 서비스를 선택할 자유도 얻을 것이다. 또 지금은 비용이 많이 드는 것이라도 미래에는 훨씬 싸게 사거나 이용할 수 있게 된다. 다음에서 '자유 시간'을 살펴보자.

일터에서의 자유 시간

우리는 로봇과 자동화 덕분에 일터에서 시간을 더 자유롭게 보낼 수 있을 것이다. 맥킨지 글로벌연구소에 따르면, 62퍼센트의 직업이 수행하는 활동 가운데 30퍼센트가 자동화될 수 있다〈자료 4-1〉.[2] 1퍼센트의 직업은 완전히 자동화될 수 있다. 그러나 이렇게 자동화가 증가한다고 해서 사람들이 직장에서 해고되는 것은 아니다. 비서는 1978년 21개 주에서 흔한 직업이었다. 1980년대 후반에는 나조차도 타이핑 과정을 수강하면서, 오늘날에 우리 모두는 타이피스트가 되었다typist(컴퓨터 입력 요원–옮긴이). 자동화로 인해 흥미롭고, 풍요롭고, 생산적인 작업에 우리는 앞으로 시간을 더 많이 할애할 수 있다.

맥킨지가 '가장 자동화 잠재성이 높은 활동들'로 꼽은 상위 세 가지는 '예측 가능한 신체 노동'(81%), '데이터 처리'(69%), '데이터 수집'(64%)이다.[3] 데이터 분석은 수집보다 더 중요하며, 창고나 공장에서 이루어지는 신체 노동은 수십 년 전 이미 자동화 시대에 들어섰다. 그리고 여전히 더 많은 신체 노동이 자동화될 것이다. 몸을 쓰는 노동이든 데이터와 관련된 일이든 단조롭고 지루한 작업의 자동화는 전략 기획, 프로젝트 관리, 비평적 사고

〈자료 4-1〉 자동화의 잠재성에 관한 맥킨지 분석[4]

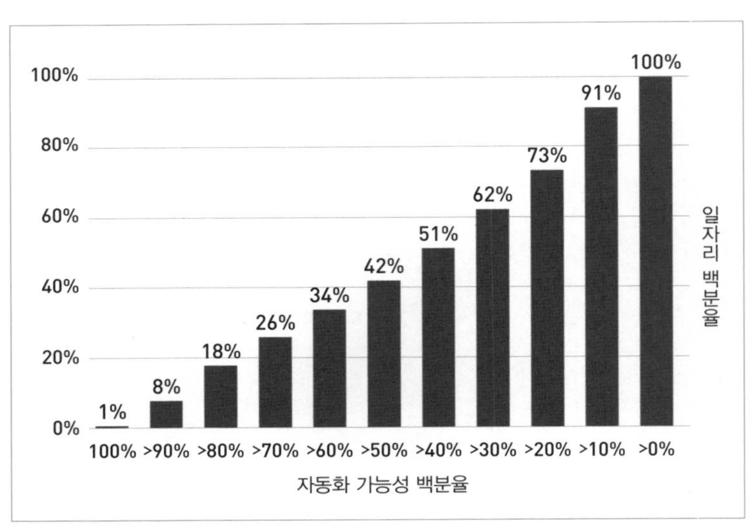

출처: 프레스티지 이코노믹스, 프레스티지 이코노믹스 유한회사

등 노동자가 더 가치 있는 활동을 할 수 있도록 시간을 절약해 준다.

집에서의 자유 시간

로봇과 자동화는 업무 시간뿐 아니라 개인 시간도 자유롭게 한다. 나는 최근에 '끝나지 않는 이야기The Neverending Story'라는 제목의 밈meme(온라인상에서 유행하는 이미지나 말을 통칭 –옮긴이)을 보았다. 두 부분으로 나뉜 사진의 상단에는 강아지처럼 생긴 행운의 용 팔코Falkor가 있고 그 위에는 '어렸을 때'라는 글귀가 있었다. 하단에는 지저분한 세탁물이 잔뜩 쌓여 있는 사진 위에 '어른이 되어서도'라는 글귀가 있었다.[5]

이것이 웃긴 이유는 사실이기 때문이다. 물론 세탁기가 있기 이전 시대의 사람들에게는 재미가 없을지도 모르겠다. 유럽에 산다면 빨래건조기가 없으므로 재미가 덜할 것이다. 그래도 빨랫감이 잔뜩 쌓인 바구니를 들고 강으로 가서 빨래하는 것을 상상이나 할 수 있겠는가?

빨래는 사람들이 하루 대부분의 시간을 보내며 했던 일이었고, 오늘날에도 일부 지역 사람들은 여전히 강가에서 빨래를 하고 있다. 하지만 나는 빨래의 자동화를 두고 슬퍼하는 사람은 여태 본 적이 없다. 사실 세탁, 건조, 빨래 개기를 포함하는 세탁기의 시제품들이 있다. 만약 이런 기계 하나로 빨래를 세탁하고, 건조하고, 개는 것까지 된다면 얼마나 많은 시간을 절약할 수 있을지 상상이 가는가?

이것은 시작에 불과하다. 직업의 미래와 마찬가지로, 로봇 활용은 우리 일상에서 가장 귀찮고 하기 싫은, 혹은 어려운 작업에 초점이 맞춰질 것이다. 로봇공학 전문가들은 사람들이 화장실 청소를 목적으로 프로그래밍이 된 로봇을 오매불망 기다리고 있다고 농담으로 말한다. 하지만 정말로 이것이 앞으로 로봇공학으로 이루어지는 일들 가운데 높은 순위에 있다.[6] 전구 발명 그 이상이 될 것이며, 어쩌면 빨래보다도 더 위에 있을지도 모른다.

로봇에 사용되는 클라우드 컴퓨팅

토요타 연구소의 최고기술책임자인 제임스 커프너James Kuffner는 2016년 9월 캘리포니아 산호세에서 열린 로보비즈니스RoboBusiness 콘퍼런스에서 향후 50년간 로봇 분야 가운데 클라우드 로봇공학이 가장 중요한 발전 중 하나가 될 것이라고 말했다.[7] 앱, 자율주행 자동차 등의 기술이 학습한 것을, 중앙화된 클라우드에 보고해 연결된 기기들의 성능을 향상시키는 것과 마찬가지로 로봇에게도 이와 같은 일이 일어날 가능성이 크다.

클라우드 컴퓨팅을 사용하면 로봇을 개별적으로 가르칠 필요가 없다. 각 기기에서 학습한 결과는 업로드 후 다른 로봇이 연결되어 있는 전체 네트워크에 공유되고, 그 결과가 반영된 프로그램은 각 로봇에 다시 다운로드된다.

미래학자 커즈와일Kurzweil은 "기계는 사람이 하지 못하는 방법으로 그들 자원을 모을 수 있다."라고 말했다.[8] 클라우드의 경험 중앙 저장소를 통한 상호 학습 능력은 로봇의 기술적 진보를 더욱 촉진할 것이다.

오프라인 소매점에서 시간 확보

이제 매장에서 로봇을 마주하는 일이 낯설지 않은 시대가 됐다. 특히 하드웨어 유통 전문점 같은 경우 상품 특성이 까다롭고, 무겁지만 가격이 저렴한 물건이 많아서 운영이 쉽지 않다. 또 어느 땐 찾는 물건이 멀리 떨어져 있어 불편하다. 망치가 필요한가? 그럼 3열이나 58열로 가야 한다. 화재경보기는? 14열이나 31열에서 찾을 수 있다.

하드웨어 전문 유통체인인 로위스Lowe's가 만든 '로위봇LoweBot'은 소비자의 간단한 질문에 답함으로써 물건의 위치를 알려줄 수 있고, 재고 모니터링을 할 수 있도록 지원한다. 〈자료 4-2〉와 〈자료 4-3〉을 보면, 로봇은 먼저 상품의 위치를 보여주고 해당

〈자료 4-2〉 로위봇(LoweBot)[9]

상품이 있는 곳으로 고객들을 안내한다. 그러나 사실 이 로봇에게는 훨씬 더 가치 있는 기능이 있다. 고객이 상점을 돌아볼 수 있게 안내하는 동시에 재고 수량, 재고 부족 관리와 같은 노동 집약적 일도 수행한다.

이런 방식으로 로봇은 고객을 서비스해야 하는 직원을 대체하고, 재고 관리 및 감사를 수행하는 회계사의 역할을 함께 한다. 즉, 비숙련이든 아니든 모든 직업을 대체한다.

예전에 나도 감사 업무를 해 봤지만 이 일은 다시는 하고 싶

〈자료 4-3〉 재고 관리 기능을 수행하는 로위봇(LoweBot)[10]

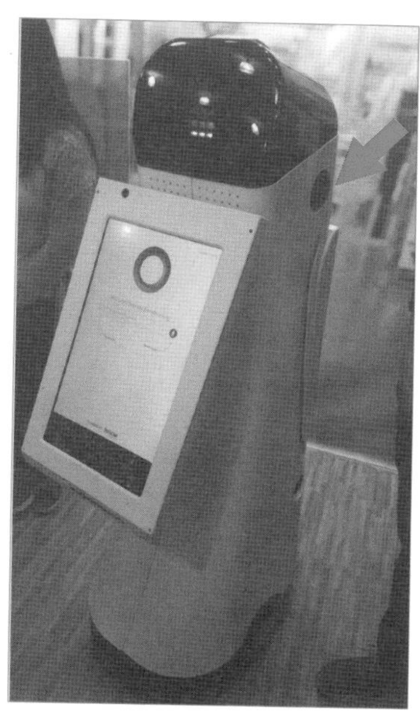

지 않은 지루한 일이었고, 회계전문가 대신 로봇이 해도 되는 일이라고 생각한다. 실제로 세계경제포럼WEF에 따르면, 75퍼센트의 응답자들이 2025년에는 30퍼센트의 기업 감사가 인공지능에 의해 수행될 것이라고 예상했다.[11]

2016년 9월, '로보비즈니스 2016'에서 이 로봇은 막 출시를 앞두고 있었고 2017년 9월에 수많은 매장에 공개되었다. 큰 화면이 보이도록 로봇을 만들어 매우 유용해 보였는데, 고객 서비스 기능이 없어진 것은 흥미로웠다.

나는 '로보비즈니스 2017'에서 엔지니어와 경영진들을 몇 명 만나 물어보았다. 그들의 얘기는 이 로봇의 재고 관리 기능이 매우 중요해서 고객 서비스를 함께 제공하기 어려워 고객 서비스 기능을 뺐다는 것이었다.

이 로봇은 측면 카메라(〈자료 4-3〉의 화살표가 가리키는 곳)를 사용해 감사와 재고 관리 기능을 수행한다. 머지않아 다른 산업에서도 유사한 기능을 발휘할 것이다.

아마존 고가 아껴 준 시간

아마존닷컴이 운영하는 식료품점 아마존 고Amazon Go는 우리의 시간을 자유롭게 해 주는 또 다른 기술이다. 첫 번째 매장이 운영되는 곳은 워싱턴주 시애틀이다. 2020년 3월 기준, 미국 내 27개 매장이 있다. 여기 매장에서는 고객들이 계산대에 줄을 서서 기다리지 않고도 식료품이나 잡화 등 물건을 살 수 있다. 아마존 고의 기술은 소비자가 물건을 집거나 다시 갖다 놓을 때 그 사실을 인식한 후, 상점에서 나오면 구입한 물건에 대해 자동으로 요금을 계산한다. 계산대에도 계산해 주는 직원을 찾아볼 수 없다.

살아가기 위해서는 식료품을 사지 않을 수 없고 특히 농산물

〈자료 4-4〉 아마존 고[12]

의 경우 직접 가서 보고 만져본 후 구매하는 것을 선호한다. 갈수록 소매점이 온라인으로 전환된다고 하더라도 음식 서비스나 식료품점은 오프라인 소매 경제의 중요 부분으로 남을 수밖에 없다. 그러나 그 역시 변하고 있다.

식료품점에서 바코드를 찍고 계산하는 방식은 꽤 자주 오류가 생기므로, 바로 계산할 수 있도록 자동화된 쇼핑은 음식 배달처럼 우리의 시간을 절약해 줄 것이다.

이런 상점은 소매상들에게 중요한 이점을 제공한다. 바로 절도와 낭비를 방지할 수 있다는 것이다. 고객이 물건을 가지고 나갈 때 자동으로 계산되기 때문에 금액을 지불하지 않고는 나갈 수 없고, 이로써 절도 위험은 줄어든다. 한편 창고가 실시간으로 관리되며 이에 발맞춰 그때그때 필요한 재고를 채워 넣을 수 있어서 버려지는 폐기물도 줄어든다.

소매업에서 발생하는 절도와 폐기물 관련 비용은 식료품점의 주요 손실 비용이다. 2015년 플로리다대학교에서 진행한 연구를 보면, 식료품점과 슈퍼마켓에서 '소매업 중 가장 높은 평균 손실률'을 보이고 있다.[13] 스포츠용품과 레크리에이션 소매점이 1.17퍼센트인데 비해 슈퍼마켓의 손실률은 평균 3.23퍼센트였다.[14] 그러므로 이들에게는 손실 비용을 줄이는 것이 매우 중요한 일이며, 이는 음식 배달과 아마존 고(그리고 이와 비슷한)의 기술이 해결할 수 있는 문제다. 둘 다 고객의 시간을 절약하고 업주의 손실을 방지하여 비용을 절감하고 수익을 개선한다. 코로나19 대유행 이후에 더욱 수요가 늘어나리라 예상하는 언택트(비대면) 기술이다.

큐레이션을 한 아마존 북스의 이면

무인 상점으로 운영하는 아마존 고와는 대조적으로 아마존은 2017년 오프라인 서점을 열었다. 2017년 5월, 나는 그중 맨해튼에 있는 어느 지점에 들러야 할 일이 있었다〈자료 4-5〉.

이곳은 내가 이전에 가 본 서점과는 달랐다. 그 차이는 고도로 선별된 책들로 구성되었다는 점이다. 작은 규모여서 책이

〈자료 4-5〉 아마존 북스(Amazon Books)[15]

많지는 않았지만, 아마존 데이터베이스를 기반으로 큐레이션되어 있어 퀄리티가 높았다. 판매 순위가 높은 책들 사이에는 공간이 넉넉히 있었다. 책이 뒤섞여 있지도 않았고 원하는 책을 찾기도 어렵지 않았다. 실제 독자들이 작성한 별 5개짜리 리뷰가 띄워져 있었다. 이는 실로 낯선 경험이었고, 넷플릭스의 큐레이션 트렌드에 이은 문학의 문화적 큐레이션이 일어날 수도 있는 미래의 전조 같았다. 사실 최근 몇 년 동안에 만들어진 많은 영화들이 속편, 리부팅, 리메이크, 또는 다른 기존 시리즈 가운데 한 편이라는 것을 아는가?

이제 책과 문학이 이와 같은 수준으로 큐레이션을 받는다고 상상해 보자. 서점에서 보는 책들이 죄다 별 5개 이상, 리뷰는

100개가 넘을 것이다. 엉뚱하고 즐거운 문학적 발견의 가능성이 사라질 것이다. 어쩌면 특별함이 없는 문화적 균질성과 밋밋함으로 이어질 수 있다.

사물인터넷으로 높아진 제품 큐레이션 품질

제품 큐레이션에 영향을 주는 한 가지는 사물인터넷IoT 세계에서 고객의 의사결정을 사람에게서 사물로 옮겨놓는 것이다. 사물인터넷은 'Internet of Things'의 약자다. 오늘날 우리는 컴퓨터, 스마트폰, 태블릿 PC 등으로 인터넷과 연결되어 있다. 또한 사물들끼리도 인터넷에 연결되고 있다. 이 기술은 지금 '스마트홈(가전제품을 비롯한 집 안의 모든 장치를 연결해 제어하는 기술-옮긴이)' 분야에서 급속도로 퍼지고 있다.

네스트Nest, 허브Hub, 알렉사Alexa와 같은 스마트홈 시스템은 사물인터넷의 첫 번째 소매 물결을 보여 준다. 사물인터넷은 기기들이 인터넷에 연결되어 나를 대신해 구매 결정을 하는 방향으로 확장될 것이다. 그리고 아마 고도로 큐레이션 되었거나 장기 계약으로 제공되는 상품이 더 인기가 있을 것이다.

앞으로는 우유, 자동차의 오일 필터, 그리고 가정에서 쓰는 전구 이 모든 것들이 휴대전화처럼 장기 약정으로 제공될 가능성이 크다. 이처럼 우리는 결정 과정에서 사라지고 일부 장기 약정이 이루어지는 형태만 남을 것이다. 그렇게 되면 시간으로부터는 자유로워지겠지만 한편 이것이 우리의 선택을 앗아갈 수 있다. 나중에는 이것이 골칫거리들을 만들어 낼지도 모른다.

자율주행 자동차가 준 시간과 이동의 자유

자율주행 자동차는 교통이 혼잡한 시간(심지어 혼잡하지 않은 시간에도)에 우리에게 시간의 자유를 제공한다. 운전에 집중하는 대신 텔레비전을 볼 수도 있고, 일을 할 수도 있고, 다른 생산적인 활동을 할 수도 있다. 로봇은 우리를 위해 이런 일을 기꺼이 해 준다. 운송 서비스의 위기가 올 것이란 생각이 들텐데, 안타깝게도 이미 이런 기업체들은 카셰어링(승차 공유) 앱으로 인해 상당한 어려움을 겪고 있다.

우리는 자율주행차 덕분에 시간도 절약될 수 있지만 자유롭게 이동할 수도 있다. 어리거나 나이가 많아 운전을 하지 못하는 사람들, 질병과 장애를 앓고 있어 운전하기 어려운 사람들은 언제나 주문형 운송 차량을 안전하게 찾을 수 있다. 자율주행 기술과 상품은 수년간 계속해서 개발되고 있으며, 〈자료 4-6〉과 〈자료 4-7〉에 나온 웨이모Waymo는 그 기술로 수백만 마일을 기록했다. 테슬라도 마찬가지다.

〈자료 4-6〉 자율주행 기술을 탑재한 웨이모 차량[16]

자율주행 기술은 출시 준비가 임박하고, 여러 기업들이 자율주행차를 개발하고 있다. 이미 많은 사람들이 자율주행차가 서비스형 소프트웨어Software as a Service, SaaS(클라우드 개념으로 소프트웨어를 필요한 만큼 사용하고 돈을 지불하는 종량제 방식의 주문형 소프트웨어-옮긴이) 플랫폼으로 제공될 수 있다고 알고 있다. 《이코노미스트The Economist》는 다음과 같이 설명한다.

자동차 산업은 네 귀퉁이에 바퀴가 달린 박스(자동차)를 판매하는 것보다 이제 점점 이동 서비스를 공급하는 데서 미래를 찾고자 한다. 많은 이들이 자율주행 또는 승차 공유가 가능한 차량을 운영하는 것을 앞으로의 추세이자 매우 수익성이 높은 사업으로 보고 있다.[17]

〈자료 4-7〉 운전대가 없는 웨이모[18]

한편 자율주행차가 나오는 데 필요한 SaaS 모델에는 큰 어려움이 있는데, 그것은 바로 사람들이 무례하다는 점이다. 이 점은 코로나19 이후 훨씬 더 잘 인식하게 된 사실이다.

이 책의 초판을 쓰던 2016년 당시에도, 운전자와 승객이 한 공간에 있는 택시나 카셰어링이 가능한 차량에서 탑승객들이 무슨 일을 했는지에 대한 이야기를 사람들이 심심치 않게 듣던 중이었다. 탑승한 차량에 아무도 없다면 쓰레기, 먹다 남긴 음식, 토사물, 더러운 기저귀 등 사람들이 버리고 갈 것들도 많아진다. 혹시라도 아이가 차를 타고 축구 연습을 하러 가는 길에 똥을 누겠다고 한다면? 또 술 파티를 여는 '불금'에 대학생들이 자율주행 차량에 타겠다 그러면? 나는 절대 타고 싶지 않다.

사람들의 일자리 창출

자율주행차는 고객이 기다리는 곳까지 알아서 찾아갈 수 있으며, 차량에 연료를 넣는 것이나 자동으로 충전하는 방법도 있을 것이다. 그러나 앞선 실질적 우려들을 고려할 때, 차 안을 모니터링하는 것과 차량 청소, (만일의 사태 발생 시) 오프라인으로 찾아가는 것은 모두 사람이 해야 할 일이다.

긍정적으로 보면 이것은 결국 일자리를 창출해낸다. 물론 한 사람이 다수의 자동화된 승차 공유 차량을 동시에 원격으로 감시할 수 있지만 어쨌든 승객들을 모니터링해야 하는 일 자체는 사람이 해야 한다는 것이다.

이는 자율주행차에 필요한 SaaS 운영이 가능하더라도, 직접 구매하는 쪽을 더 선호할 것이라는 의미다. 일할 수 있는 책상, 좋은 의자, 작은 선인장과 책꽂이, 내가 키우는 닥스훈트 강아지를 위한 전용침대 등 이런 물건들로 차 안을 꾸미고 싶다. 누가 되었든 이렇게 이동 가능한 사무실이나 거실로 맞춤화하고 싶지 않겠는가?

2015년 9월 세계경제포럼의 설문 자료에서, 응답자의 79퍼센트는 2025년까지 차량의 10퍼센트가 자율주행차로 바뀔 것으로 예측했다.[19] 이것은 2050년까지 전기차가 미국 신차의 10.7퍼센트를 차지할 것으로 보는 미국 전자공업회Electronic

Industries Association, EIA의 예측보다도 훨씬 높다.[20]

전자상거래로 증가한 선택의 자유

시간과 움직임을 자유롭게 하는 것 외에도 소비와 관련된 선택의 자유를 높이는 여러 기술이 있다. 이런 기술들이 결국 우리의 시간을 자유롭게 해 줄 것이다. 〈자료 4-8〉를 보면 전자상거래가 구매 선택지의 폭을 확실히 넓혔다는 것을 알 수 있다. 2017년 2분기, 전자상거래 비율은 전체 소매 판매량의 8.9퍼센트였다. 이것은 앞으로 훨씬 더 증가할 것이다.

〈자료 4-8〉 전체 판매 중 전자상거래 소매 비율[21]

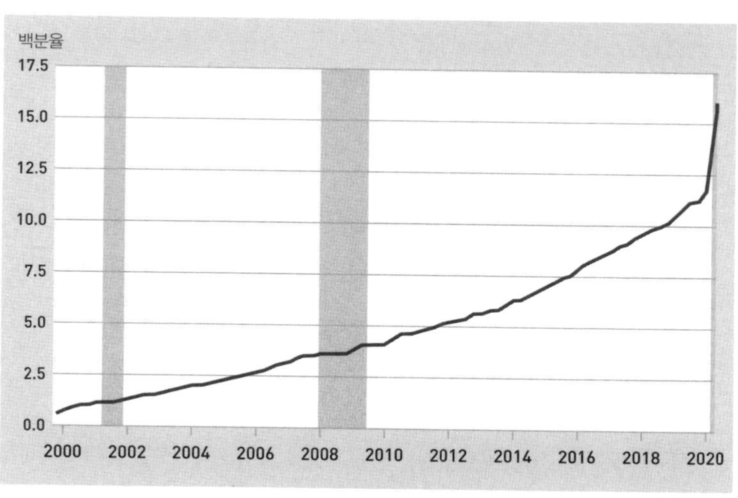

출처: 세인트루이스 연방 준비 은행, 프레스티지 이코노믹스, 미래학자 연구소

계속 증가하는 전자상거래(특히 식료품)의 수요를 만족시키려면 우리는 인간이 할 수 있는 일을 뛰어넘어야 한다. 역사적으로, 우리는 유통공급망을 통해 묶음 단위의 상품을 창고에서 소매점으로 운송했다. 그리고 손님은 상품을 구매하기 위해 소매점으로 갔다. 이것이 곧 2017년 2분기, 미국 전체 소매 판매의 대부분인 91.1퍼센트를 차지하는 오프라인 소매 방식이었다.

전자상거래는 스마트폰을 통해 어디든지 매장으로 만들고, 어디로든 상품을 배송한다. 소파나 부엌 등 노트북과 스마트폰이 함께하는 곳이면 그곳이 어디든지 바로 상점이 된다. 하지만 실상은 그 이상이다. 집 안이 아니라 이제 손안에서 물품 구입이 이루어진다.

예를 들어, 여행할 때 필요한 물건이 있으면 호텔로 배송할 수 있다. 여행이 길어져 입을 옷이 더 이상 없다면, 온라인으로 티셔츠, 양말, 와이셔츠, 속옷, 넥타이 등을 모두 주문한다. 물론 모든 사람들이 이렇게 하지는 않겠지만, 적어도 나에게는 이 방법이 여행 가방을 들고 다니는 것보다 훨씬 쉽고 더욱 저렴하다. 이런 현실은 전자상거래의 수준을 상당히 높일 것이다.

내 손안에서 이루어지는 구매는 결국 자동화와 로봇공학을 긍정적으로 이끌어 갈 것이다. 앞으로 더욱 늘어날 전자상거래 수요를 따라가기 위해서는 미국 내 유통망과 자재 관리 장비 및 기술이 매우 중요해졌다.

전자상거래에 필요한 로봇과 자동화

자재 관리material handling는 집과 손안에서 이루어지는 구매 수요에 부응하여 삶의 질을 향상시키고 소비자의 제품 접근성을 높이는 엄청난 상승 잠재력을 품은 분야이다. 테슬라, 아마존, 포드 등에서 25년간 근무한 타깃 코퍼레이션Target Corporation의 공급망 임원인 케빈 블리에트Kevin Vliet는 최근 한 대화에서 미국 경제가 "공급망을 통한 단일부품 물자 흐름에 맞춰 있지 않다."고 지적했다.[22] 다시 말해, 만일 개개인 모두가 지금 단품으로 주문을 하고자 한다면, 창고에서 물건을 넣고 포장하기엔 그곳에 너무나 많은 것들이 있다는 것을 알아야 한다는 말이다. 로봇과 자동화는 상품이 저렴하게 판매되는 전자상거래에 밀려드는 소비자의 수요 증가를 해결할 수 있는 유일한 해결책이다.

미래의 배송 영웅, 드론

가게를 운영할 때 로봇이 꼭 일할 필요는 없지만, 고객의 집에 상품을 배송하기 위해서는 로봇이 필요하다. 이런 이유로 운송업과 소매업에서 로봇은 반드시 풀어야 할 숙제가 될 것이다. 창고에서 소비자에게까지 배송할 때 그 물건을 어떻게 트럭에 실

〈자료 4-9〉 로보비즈니스에서 본 드론[23]

을 것인지, 또 어떻게 배송할 것인지를 보여주는 시스템이 있는데, 덕분에 우리는 배송 과정에서 드는 연료와 시간을 절약할 수 있다. 자동으로 이루어지는 '라스트 마일'last mile(원래 사형수가 집행장까지 걸어가는 거리를 뜻하는 용어였는데, 현재는 다양한 분야에서 쓰이고 있으며 유통업에서는 제품이 목적지에 도착하기까지의 그 마지막 단계를 일컫는다-옮긴이) 배송이 이런 시스템 가운데 한 예라고 볼 수 있다.

배송과 관련된 여러 해결책이 있겠지만 특히나 자동화된 운송수단이 중요한 문제가 될 것이며, 그 가운데에는 드론이 있다. 자율주행차에 지원되는 기술과 동일한 전파 탐지기radar와 광선 전파 탐지기lidar의 발전은, 앞으로 더욱 드론을 많이 사용할 수 있는 데 뒷받침이 되어줄 것이다.

산업용 드론이 파이프라인과 같은 원격 인프라를 정비하거나 원격 사업 수행에 필요한 물품을 배치하고 자연재해에 신속하게 대응하는 것을 보면, 이제 드론이 피자, 도서, 샴푸, 어쩌면 그 이상의 물건들도 배송할 가능성이 크다는 것을 알 수 있다. 기업은 일의 효율성을 높이고 운송비를 줄이면서 동시에 일을 멈추지 않고 계속해서 할 수 있도록 점점 드론을 많이 사용하게 될 것이다.

상업용 드론 전쟁의 서막

드론 사용은 앞으로 몇 년 안에 현저하게 가속화될 것이다. ABI 리서치에서 본 전망 가운데에는 무인항공기(즉, 드론 비행) 시장이 있다. 〈자료 4-10〉을 보면, 2016년 38억 달러에서 2025년까지 약 280억 달러로 증가할 가능성을 보인다. 이 성장은 여러 분야에 걸쳐 일어나겠지만, 가장 결정적으로는 상업적으로 사용하는 일이 더 늘어날 것이라는 것이다.

최근 월마트와 아마존이 출원한 특허들을 통해 전자상거래 드론 전쟁이 다가오고 있음을 확인할 수 있다. 아마존은 비현실적으로 보이는 벌집 형태의 드론 타워 특허를 등록하여 드론 택배를 준비하고 있고, 월마트 역시 드론 배송을 하기 위해 비행

〈자료 4-10〉 드론 사용 비용[24]

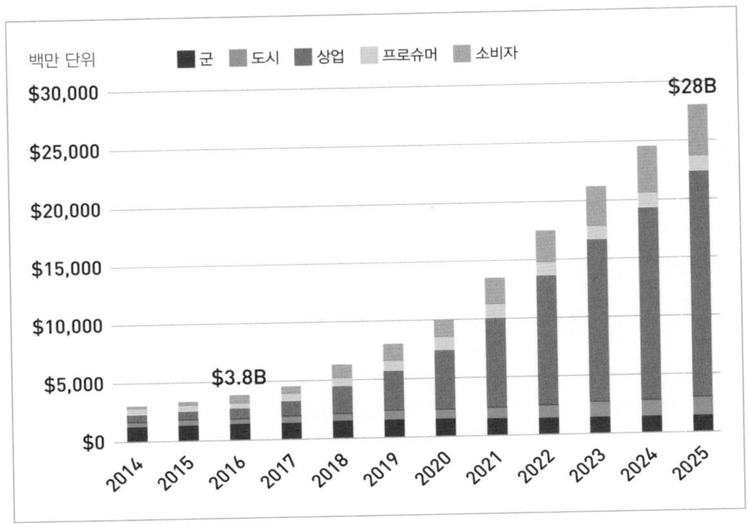

출처: ABI 리서치, B는 10억을 의미한다.

조종이 가능한 물류창고 특허를 출원했다.

위기의 백화점

전자상거래의 미래를 보면 그 가운데 조금 극단적으로 보이는 일들도 있지만, 어쨌든 소매점들이 살아남아 성장하기 위해서는 자동화와 제조 기술을 받아들여야 한다는 것을 알 수 있다. 데이터를 세분화하며, 전자상거래 주문 처리의 핵심 능력을 키우는 것이 필요하다.

나는 이 책의 초판 이후 얼마 안 있어 일부 백화점들이 파산

되는 것을 지켜보았다. 소비자 입장에서는 전자상거래를 이용할 수밖에 없다. 아마존이나 알리바바와 같은 회사는 전자상거래 혁명의 선두에 있고, 또 다른 기업들이 이 시장의 선두주자로 도약하고자 자동화 기능을 구축하는 데 힘을 쏟아 붓고 있다. 이런 상황에서도 기존의 대형 유통업체들은 여전히 전자상거래를 크게 신경 쓰지 않고 있는데, 앞으로 이런 업체들은 생존하기 어려울 것이다.

공급망 트렌드를 보여 주는 물류창고업 일자리

공급망이 변하고, 최종 사용자와 소비자에게 창고가 더 가까워짐에 따라 창고업 일자리가 늘어날 것을 예측할 수 있다. 그리고 정확히 그 일이 일어났다. 사실, 최근 백화점과 관련된 일자리는 줄어들었고〈자료 4-11〉, 창고업 관련 일자리 수는 대공황 이래 가파르게 상승하고 있다〈자료 4-12〉.

창고가 새로운 소매점이 됨에 따라 우리는 창고와 공급망 자재 처리 부분에서 더 많은 일자리 창출을 기대할 수 있다. 실제 소매점과 관련된 직업과 상업 공간을 생각해 보면, 식당 수요는 항상 있고, 교육에 대한 필요는 증가할 것이므로 식당과 교육기관들이 기회를 포착하고 비어 있는 부동산을 채울 것이다.

〈자료 4-11〉 백화점 일자리 감소[25]

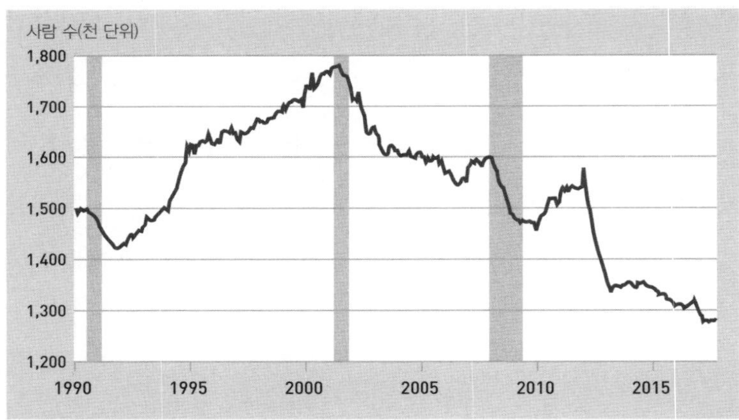

출처: 미국 노동통계국

〈자료 4-12〉 창고업 일자리[26]

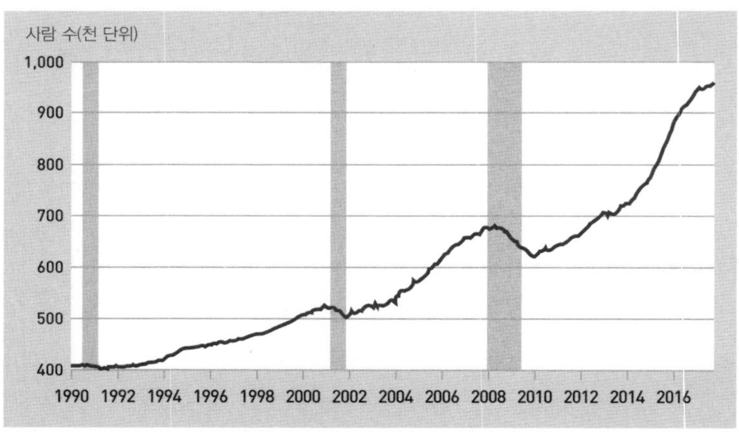

출처: 미국 노동통계국

소비자들이 사랑하는 공급망

자동화와 로봇공학은 더 빠른 속도로 성장할 것이다. 그리고 소비자들이 상품을 더 빨리, 더 저렴하게 살 수 있도록 하여 잠재적 비용은 줄여나갈 것이다. 이러한 기술 덕분에 우리는 '손안에서 이루어지는 구매'를 누릴 수 있다. 토머스 프리드먼Thomas Friedman은 저서 『세계는 평평하다』에서 "우리는 소비자로서 공급망supply chain을 사랑한다. 그 이유는 공급망이 우리에게 모든 종류의 상품을 더 낮은 가격으로 제공하며 우리가 원하는 것을 정확하게 맞춰주기 때문이다."라고 언급했다.[27]

이 개념은 내가 자재 처리와 공급망 분야에 종사하는 고객에게 들었던 개념이다. 3억 2,300만 명의 미국인 한 사람 한 사람에게 낮이든 밤이든 그들이 원하는 물건을 정확히 가져다줄 마법을 실현할 수 있는 유일한 방법은 공급망과 유통망을 활용하는 것뿐이다. 프리드먼은 또한 "기업이 경쟁사들 가운데 차별화될 수 있는 가장 중요한 방법은 똑똑하고 빨리 돌아가는 글로벌 공급망을 활용하는 것이다."라고 말했다.[28] 그러나 최고의 공급망은 우리가 보거나 듣거나 생각할 필요 없이 그저 알아서 작용하는 그 자체가 될 것이다.

특이점주의자Singularitarian인 레이 커즈와일Ray Kurzweil은 "컴퓨터통합생산Computer-integrated Manufacturing, CIM에서는 점점 더 인공

지능 기법들을 적용하여 자원 활용을 최적화하고, 물류 효율을 높이며, 때맞춘 부품과 물자 구매로 재고를 줄이고 있다."고 언급하며 물류의 중요성을 인정했다.[29] 이것이 바로 소비 단계에서 로위봇〈자료 4-2〉이 실시간으로 창고 감사를 수행한 후 재고가 너무 적을 때 알아서 주문하는 일이다. 아마존 고 또한 창고의 실시간 모니터링과 주문으로 수량을 보충한다. 이제 키오스크kiosks(터치스크린 방식의 정보전달 시스템인 무인단말기-옮긴이) 역시 그런 역할을 할 것이다.

키오스크화와 미래의 ATM

나의 또 다른 저서 『코로나 이후 불황을 이기는 커리어 전략』에서 직업의 기회를 높이는 가장 큰 비밀로 비행기 탑승 시 1등석을 이용할 것을 말한 바 있다. 최근 온라인 기사 몇 개를 본 적이 있는데, 기사를 쓴 사람은 1등석에 앉은 사람들이 백만장자나 CEO인지 궁금해 했다. 그 질문에 대해서 나는 '그렇다.'라고 답변할 수 있다.

2016년 가을, 나는 세계 최대 비(非)은행 ATM 업체인[30] 카드트로닉스Cardtronics의 토니 무스카렐로Tony Muscarello 영업부사장 옆에 앉는 행운을 누렸다. 3시간의 비행 동안, 20만대 이상의 ATM을 관리하는 자동화 분야 전문가와 인터뷰할 수 있었다. 이코노미석을 탔다면 일어나지 않았을 행운이다.

토니는 키오스크와 미래 키오스크화의 전망에 관한 내 생각을 정리하는 데 몇 가지 중요한 의견을 들려주었다. 그가 내게 말한 것 중 가장 우선적이고 중요한 내용은 "셀프서비스 혁명은 현실이다."라는 것이었다. 그는 ATM과 키오스크의 출현이 사용자 수요에 맞추기 위함이었다고 단도직입적으로 말했다. 그리고 미국인들이 점점 더 키오스크에 익숙해져 미국의 키오스크화는 가속될 것이라는 사실도 함께였다. 그러나 ATM과 키오스크는 새로운 수요를 창출하기 때문에 사람들의 일자리를 빼앗지 않을 것이라 생각한다. 키오스크가 성공할 수 있었던 것은 사용법이 단순했기 때문이라는 토니의 말에 동의한다. 그는 여기에 더불어 "첨단 기술은 매력적이지만 수익을 내기 어려운 경우가 많다."고 언급했다.

키오스크의 긍정적 측면을 보여주는 ATM 중에는 스프링클스Sprinkles 사에서 만든 컵케이크 ATM이 있다. 2012년에 스프링클스는 세계 최초로 컵케이크 ATM을 출시했다. 이 기계 덕분에 사람들은 하루 종일 갓 구운 다양한 컵케이크와 쿠키를 즐길 수 있었다.

우리가 현금 없는 사회에서 살아가더라도 ATM은 계속 필요

〈자료 4-13〉 컵케이크 ATM[31]

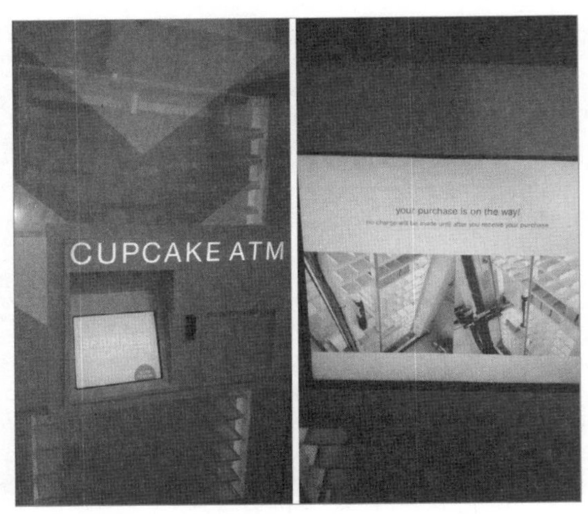

할 것이다. 〈자료 4-13〉는 2017년 2월 텍사스주 오스틴에 설치된, 스프링클스 사의 컵케이크가 나오는 ATM이다. 오른쪽 사진에는 내가 주문한 컵케이크를 로봇 팔이 집어서 주고 있는 모습이 담겨있다.[32] 이런 종류의 셀프서비스 기술은 지금은 보기 드물지만, 점점 더 보편화할 것이다. 연중무휴 셀프서비스 로봇이 정규 근무시간 동안 인간의 직업 창출에 도움이 될 수 있다.

경제학자들은 대부분 기업과 경제를 위해서 분업화되는 것이 좋다고 말한다. 컵케이크 ATM 사례에서 볼 수 있듯 이는 사실이다. 수제 컵케이크를 만드는 사람의 가장 큰 가치는 판매가 아니라 제조에 있다. 그리고 이 컵케이크 ATM은 컵케이크 판매만 한다. 결국 분업화는 인간에게 좀 더 의미 있는 직업을 창출하는 데 도움이 되고, 컵케이크 제조업자들은 컵케이크를 판매하기보다는 만드는 것을 더 좋아할 것이다.

이 시스템은 키오스크가 복잡한 기능을 수행하지 않기 때문에 가능하다. 팔 있는 로봇과 재료를 취급하는 일부 기술이 필요하지만 그 기능은 상대적으로 제한적이다. 단지 컵케이크를 판매하는 기술일 뿐이다. 컵케이크 ATM은 상점이 문을 닫아도, 그리고 상점 고객들이 줄을 서 있을 때도 컵케이크를 팔 수 있다.

자동 배송 시스템으로 판매가 증가되어, 정규 근무시간 동안 컵케이크를 더 많이 만들기 위한 인력의 수요가 증가할 것이다. 상점이 닫혀 있어도 판매가 되기 때문이다. 이런 방법으로, 셀프서비스 식품 키오스크는 일자리를 추가적으로 만들어 낸다.

컵케이크 ATM은 이전에는 달성하기 어려웠던 제품 수요를 충족시킴으로써 셀프서비스 혁명을 일으켜 일자리 창출에 긍정적인 키오스크화의 비전을 제시하고 있다.

컵케이크를 언제든 편하게 먹을 수 있도록 회사가 컵케이크

ATM을 설치한다면 지역 경제에도 좋을 것이다. 더 많은 작업이 자동화되어 필요한 첨단 기술 인력의 수요가 늘 것이다. 그리고 첨단 기술 일자리는 더 많은 일거리를 다른 사람들에게 제공한다. 버클리대학교 경제학 교수인 엔리코 모레티는 "도시에 과학자 또는 소프트웨어 공학자를 영입하는 것은 승수효과multiplier effect를 일으켜 지역 서비스를 제공하는 사람들의 고용과 급여를 높인다."[33]고 말한다. 이처럼 한 직업은 다른 일자리를 창출한다.

또한 모레티 교수는 제조업 승수는 1.6이라고 언급했는데, 이것은 생기거나 사라지는 각 직업에 대해 각각 1.6개의 추가 일자리를 더하거나 없앤다는 의미다. 제조업 일자리를 잃는 지역이 경제적으로 큰 타격을 받는 이유다. 제조업 일자리가 하나 줄어들 때마다 그 지역에서는 1.6개의 일자리를 잃게 된다. 기술의 경우 그 영향은 더욱 뚜렷하다. 그는 "도시에서 새롭게 생기는 첨단 기술 직업과 관련해 숙련된 직업(변호사, 교사, 간호사 등)과 비숙련된 직업(웨이터, 미용사, 목수 등) 모두에서 궁극적으로 5개의 일자리가 추가로 창출된다."라고 말한다.[34]

사실, 모레티 교수는 "가장 큰 승수를 보이는 것은 혁신 분야인데, 이것은 제조업의 승수보다도 약 3배나 크다.[35] 그러므로 도시나 국가가 비숙련된 노동자들을 위해 일자리를 창출하

<자료 4-14> 컵케이크

는 가장 좋은 방법은 숙련된 노동자들을 고용하는 첨단 기술 기업들을 유치하는 것이다."라고 주장한다.[36] 첨단 기술 노동자는 다양한 분야에 걸쳐 일자리를 창출한다.

키오스크의 부정적 측면은 3장의 뉴욕 여행에서 묘사되었듯 마치 로보칼립스가 다가오는 징조처럼 보였다. 그러나 미묘한 차이가 있다. 소득 관점에서 보면, 수요가 있는 곳(혹은 더 높은 수요의 가능성이 있는 곳)이면 어디든 키오스크가 설치될 것이다. 예를 들어 새벽 3시에 컵케이크를 팔거나 20피트 높이의 통에 짐을 빠르게 채워 넣는 것과 같이 사람들이 원하지 않거나 할 수 없는 일에 말이다. 물론 여전히 로보칼립스의 위험이 있고, 그 위험은 다음 장에서 다룰 세금 정책과도 관련이 있다.

〈자료 4-15〉 셀프 체크인이 가능한 공항의 키오스크

요컨대 로봇과 자동화는 세상에 로보토피아의 다음 세 가지 요소를 가져올 것이다.

- 시간을 자유롭게 한다.
- 움직임을 자유롭게 한다.
- 상품과 서비스의 선택을 증가시킨다.

삶, 자유, 행복 추구[37]는 미국의 독립선언서에 담긴 내용과도 같다. 그러나 미국 정부의 미결산 재정장부 탓에 로보토피아의 긍정적 요소들이 빛을 발하기도 전에 끝날 수 있다. 로보칼립스가 노동시장을 강타한다면, 그것은 자동화를 과도하게 장려한

잘못된 정부 계획과 개혁하지 못한 사회보장제도로 인한 채무 때문에 발생할 가능성이 크다.

키오스크화는 자동화 시대의 가장 밝은 지점이지만 키오스크화와 자동화가 잘못된 재정 정책으로 인해 극단으로 치닫는다면 로보토피아가 아닌 로보칼립스로 끝날 수도 있다는 점을 기억해야 할 것이다.

'가장 좋은 자동차 업체 노동자는 은퇴한 노동자'라는오래된 말이 있다.
사회보장제도를 개혁하지 않는다면 이 말은
'가장 좋은 미국인 노동자는 은퇴한 미국인 노동자'로 바뀔 수도 있다.

5장

자동화를 부추기는 사회보장제도

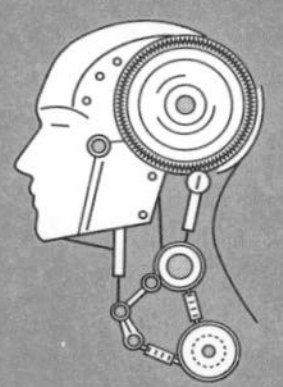

J O B S F O R R O B O T S

B E T W E E N R O B O C A L Y P S E

A N D R O B O T O P I A

로보칼립스와 로보토피아를 주장하는 사람들은 로봇과 자동화로 인해 새롭게 만들어지는 일자리 수와 사라지는 일자리 수를 두고 하루 종일 논쟁할 수도 있다. 그러나 아마도 양쪽 모두 기업들이 세제 혜택에 반응한다는 데에는 의견이 일치할 것이다. 세금 장려책은 현재 미국 경제와 노동시장 전반에 지속 가능성을 넘어 자동화를 권장하는 쪽으로 구성되어 있다. 아래 세 가지 요소는 사람을 몰아낼 정도로 자동화를 급속히 도입하도록 하는 완벽한 세금 인센티브 폭풍을 만들었다.

- 증가하는 국채
- 사회보장제도
- 인구 통계

사회보장제도에 개혁이 없다면, 점점 더 불어나는 정부 부채와 변화하는 인구 구조가 자동화를 가속화하고 일자리를 감소시킬 것이다.

증가하는 국채

미국 국채는 지금도 어마어마하지만, 계속해서 증가하고 있다. 1981년 10월, 미국 국채가 1조 달러를 넘기기까지는 205년이 걸렸다.[1] 하지만 채 5년이 되지 않은 1986년 4월에는 2조 원으로 그 두 배가 되었다.[2] 가장 최근의 미국 국채는 과거 9년간의 국채보다 두 배로 뛰어올랐는데, 이것은 대공황의 경제 여파 때문이다. 2020년에는 코로나19 영향으로 국채가 가파르게 상승했다.[3] 2020년 1분기 말에는 23조 2천억 달러였고 8월에는 미국에 거주하는 모든 성인과 어린이 1명당 미국 정부 부채가 약 80,850달러로 추정되었다.[4] 이것은 불과 3년도 되지 않은 2017년 11월 62,800달러에서 큰 폭으로 증가한 것이다. 〈자료 5-1〉에서 볼 수 있듯, 미국 국채가 증가하는 속도는 계속 빨라지고 있다.

미국 정부 부채 총액 추세만큼 뚜렷하지는 않지만, GDP 대비 부채 비율도 대공황 이래로 가파르게 상승하고 있다〈자료 5-2〉. 높은 국가 부채가 미치는 주된 부정적 영향 가운데에는 국내총생산GDP으로 측정되는 미래 미국의 잠재적 경제 성장을 발목 잡는 것이 있다. 게다가 부채 노출은 이미 국채의 이자를 심각히 증가시켜 더 악화될 수 있다.

〈자료 5-1〉 총 연방 부채[5]

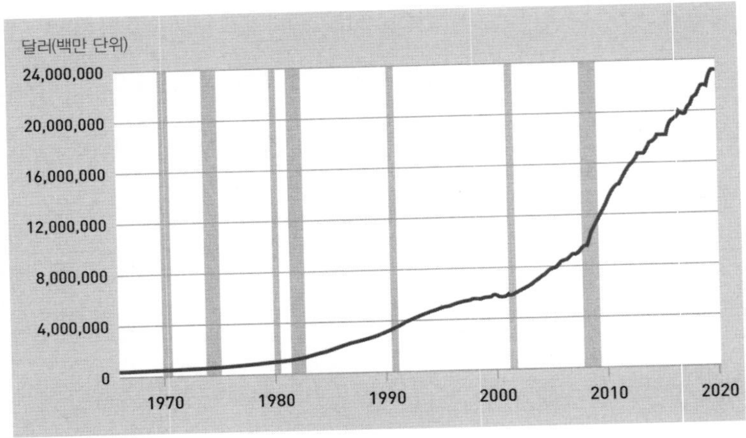

출처: 미국 재무부

〈자료 5-2〉 GDP 대비 미국 연방 부채 총계[6]

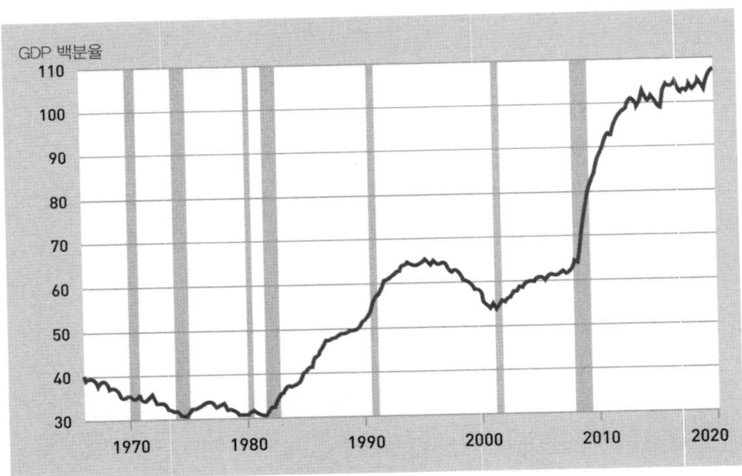

출처: 세인트루이스 연방준비은행

불행히도 미국 국채보다 사회보장제도의 재정 상황은 훨씬 더 좋지 않다. 그리고 다가오는 미래에 미국 국채 문제를 해결하기 어렵게 만들 가능성도 크다. 간단히 말해서 사회보장제도는 향후 미국 정부 부채 수준에 가장 큰 위협이 될 것이고, 미국 경제 성장에도 그럴 것이다.

사회보장제도

미국의 사회보장제도에는 메디케어medicare, 메디케이드medicaid, 사회보장social security이 있다. 메디케어는 사회보장세를 20년 이상 납부한 65세 이상 노인과 장애인에게 연방정부가 의료비의 50퍼센트를 지원한다. 메디케이드는 소득이 빈곤선의 65퍼센트 이하인 극빈층에게 연방정부와 주정부가 공동으로 의료비 전액을 지원하는 제도이다. 이 제도들은 1965년 민주당 린든 B. 존슨 대통령 시절 도입된 공공의료보험이며, 이를 위한 자금은 노동자들의 급여세로 조달한다. 급여세는 소득세와 다른데, 소득세율은 재정 정책이 바뀌면 떨어질 수도 있는 데 반해 급여세는 계속 높아진다는 점이다. 알다시피 사회보장제도를 유지하는 데 드는 자금은 매우 부족하다.

지난 2017년만 해도 전 세계 국가 부채 규모는 약 60조 달러에 달했다.[7] 이는 모든 국가가 누적으로 보유한 부채다. 그러나 재원이 마련되지 않은 미국 복지 시스템의 부채 크기는 그 수준의 세 배 이상일 수 있다. 즉, 메디케어, 메디케이드, 사회보장제도에 대한 자금이 없어 미결산된 채무는 200조 달러에 육박할 수 있다.[8]

이런 수준의 부실 채무는 실질적으로 미국 경제를 위협한다. 헤리티지재단The Heritage Foundation이 미 의회 예산국에서 입수한

〈자료 5-3〉 사회보장제도에 사용되는 세수[9]

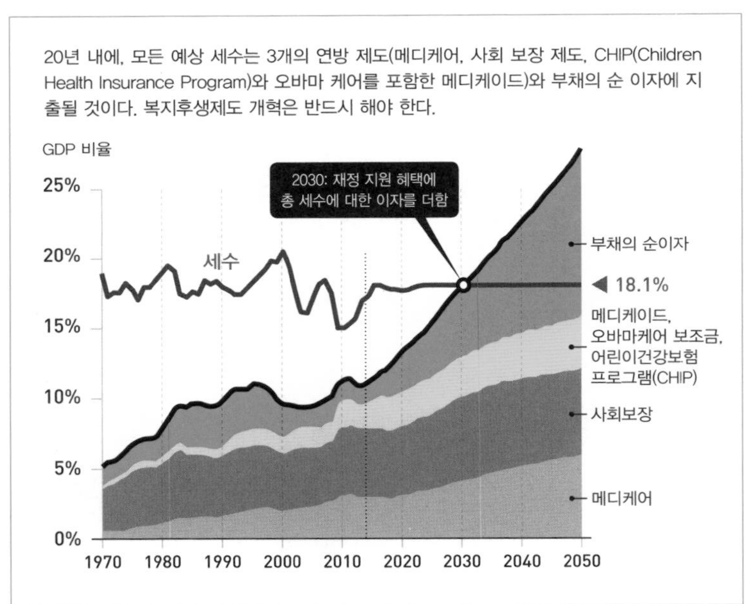

출처: 의회예산처, 2013년 장기 전망, 2013년 9월 17일
예산표: 미 정부 예산, 2014 회계연도, 2013년 4월 10일

사회보장제도에 대한 자료는〈자료 5-3〉 상당히 치명적인 것으로 나타난다. 2030년까지 미국의 세수는 복지제도와 국채에 대한 이자로 모두 나갈 것이다.

국가 부채는 잠재적 재앙임에도 불구하고 이에 대비하려는 정치적 논의는 부족하다. 사회보장제도의 개혁은 직업의 미래에 매우 중요하다. 개혁하지 않은 복지제도는 노동시장의 로보칼립스로 가는 가장 큰 위협이다. 개혁이 없다면 급여세는 상승할 것이고 고용주와 피고용인, 그리고 자영업자들은 일할 의욕을 잃어버릴 것이다.

미국 사회보장제도의 기원

사회보장제도 문제는 그 기원에서 비롯된다. 미국 사회보장국 웹사이트는 오토 폰 비스마르크Otto von Bismarck를 미국 복지개혁의 할아버지로 소개한다. 다른 사람이 아니라 프로이센 군주제 지지자인 비스마르크라는 점에서 시대착오적이지 않은가? 지금은 프로이센 사람도 군주제도 찾아보기 힘들지만 오토가 만든 시스템은 여전히 존재한다. 비스마르크의 초상화는 심지어 미국 사회보장국 웹사이트에서도 찾아볼 수 있다〈자료 5-4〉.

비스마르크는 강력한 정치가로 국가 이익 증진을 위한 실용주의 기반 정치 신조인 현실 정치Realpolitik를 내세운 것으로 유명하다. 그에게 복지제도는 편리하고 시의적절했으나, 불행히도 이제 더는 그렇지 않다. 오늘날 사회보장제도는 미국 경제를 무너뜨리고 노동시장에 로보칼립스를 끌어들일 위협으로 작용하고 있다.

또한 비스마르크의 시스템은 지속 가능했다. 그의 시스템은 독일 노동자들에게 70년 이상의 연금을 보장했다. 당시 1880년대 후반 독일인 평균 수명은 겨우 마흔 살이었다.[10] 다시 말해, 이 혜택을 받을 수 있는 사람의 수는 매우 적었고, 이에 드는 비용 역시 거의 없는 것과 다름없었다.

〈자료 5-4〉 사회보장의 할아버지, 오토 폰 비스마르크[11]

〈자료 5-5〉 은퇴자들의 사회보장제도 의존도[12]

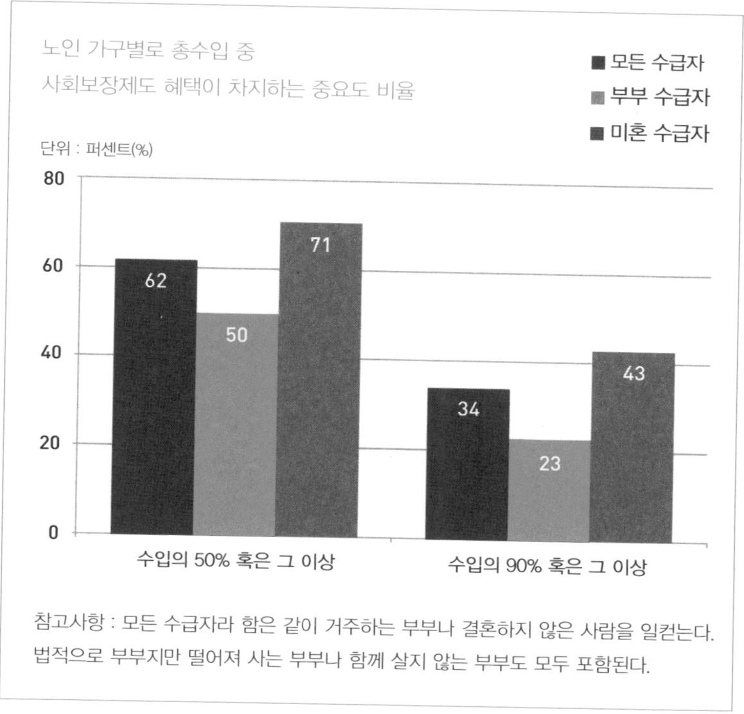

출처: SSA, 프레스티지 이코노믹스, LLC

비스마르크는 실제로 비용을 들이지 않고도 정적을 제거하는 데 도움이 되는 복지제도를 마련했다. 그러나 현재 미국의 사회보장제도는 경제 전체를 무너뜨리며 노동시장에 로보칼립스 위협을 일으키는 채무에 불과하다. 또한 사회보장제도를 개정하는 데는 끔찍한 딜레마가 있는데, 많은 미국인 고령자층의 소득

가운데 복지에 의존하는 부분이 크다는 것이다〈자료 5-5〉.

비스마르크는 정말 좋은 일을 했다. 그렇다면 이 시스템은 어떻게 무너지게 된 걸까? 답은 인구 통계에 있다.

인구 통계

미국 인구 성장은 급격하게 둔화되었고, 통계적으로 인구의 이러한 변화는 멈추기 힘들다. 게다가 출산율은 계속 떨어지고 기대수명은 증가했다. 이는 사회보장제도의 자금 부족 현상을 악화시키고 있다. 이보다 더 심각한 사실은 그 어떤 대통령이나 상원의원, 주지사마저도 미국 인구 구조를 바꿀 수 없다는 점이다. 이것은 이미 개인이 다룰 수 있는 사안을 넘어섰다.

미국의 인구 성장은 1950년대 1.5퍼센트 이상에서 1960년대 초반 0.7퍼센트로 떨어졌다〈자료 5-6〉. 이렇게 인구 성장이 둔화한 원인 중에는 출산율 감소도 한몫을 한다. 일반적으로 출산율은 전 세계적으로 감소하는 추세이지만, 인구통계학자인 조나단 라스트Jonathan Last에 따르면, 미국 출산율은 1.93명으로 여전히 다른 선진국들에 비해 높다.[13]

그러나 라스트는 미국의 출산율이 상대적으로 다른 선진국에 비해 높다고 하더라도 인구가 유지되는 데 필요한 '황금 수golden

〈자료 5–6〉 연간 인구 성장률[14]

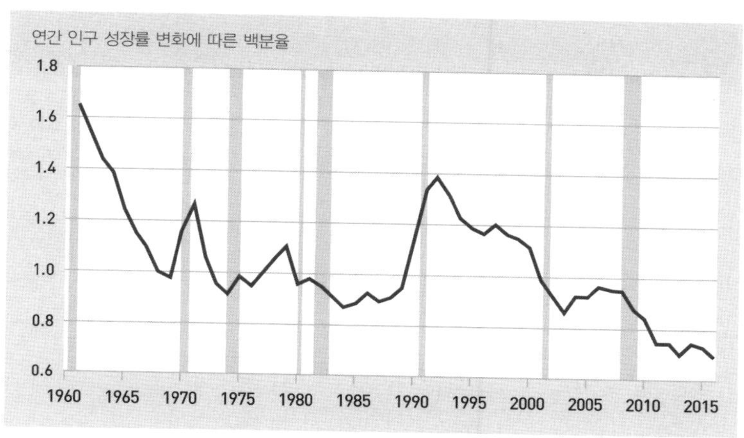

출처: 세계은행

number'인 2.1퍼센트에는 미치지 못한다고 말한다.[15]

이것은 사회보장제도에 있어 큰 문제다. 사회보장제도는 수혜자 한 사람당 159.4명의 노동자가 있던〈자료 5-7〉 1940년대에는 잘 작동했지만, 2013년에는 2.8명으로 그 수가 급감했기 때문에 문제가 된다. 게다가 이 비율은 2040년까지 수혜자 1인당 2명의 노동자로 감소할 가능성이 크다.[16]

출산율은 떨어지고, 기대수명은 증가함에 따라 사회보장제도는 진퇴양난의 위기에 처했다. 1889년 비스마르크가 복지제도를 만든 이래 미국의 기대수명은 약 40세에서 80세로 두 배가

〈자료 5-7〉 사회보장 수혜자 대비 노동자 비율[17]

연도	대상 근로자 수 (천 단위)	수혜자 수 (천 단위)	비율
1940	35,390	222	159.4
1945	46,390	1,106	41.9
1950	48,280	2,930	16.5
1955	65,200	7,563	8.6
1960	72,530	14,262	5.1
1965	80,680	20,157	4.0
1970	93,090	25,186	3.7
1975	100,200	31,123	3.2
1980	113,656	35,118	3.2
1985	120,565	36,650	3.3
1990	133,672	39,470	3.4
1995	141,446	43,107	3.3
2000	155,295	45,166	3.4
2005	159,081	48,133	3.3
2010	156,725	53,398	2.9
2013	163,221	57,471	2.8

출처: 사회보장법

되었다. 또한 재정 지원의 수혜를 받는 사람들의 연령은 70세에서 65세로 사실상 낮아졌다. 복지 혜택을 받는 인구수는 엄청나게 증가했고, 고령자를 지원하기 위해 필요한 의료비용 또한 많이 올랐다.

만약 미국의 인구가 충분히 증가한다면 이 모든 것이 괜찮을

지도 모른다. 하지만 그렇지 않다. 인구성장률은 베이비붐 세대에 비해 절반 이하로 줄어들었고 출산율은 전체 인구 유지에 필요한 '황금 수'에 못 미친다. 라스트는 "사회보장은 근본적으로 다단계 금융사기Ponzi scheme다. 모든 다단계가 그렇듯, 새롭게 참여하는 사람의 수가 계속해서 증가하기만 한다면 사회보장도 잘 작동할 것이다."[18]라고 말했다. 그러나 불행하게도 복지 시스템은 이제 거의 한계점에 다다랐다.

낮은 출산율이 일으키는 또 다른 문제는 세금을 낼 수 있는 재원 충당 가능 부양인구가 줄어든다는 것과, 동시에 재원이 갖춰지지 않은 부채가 증가하고 있다는 것이다. 이는 아직 마련되지 않은 200조 달러 이상의 미래 복리후생 비용을 점점 더 적은 인구가 부담해야 한다는 것을 뜻한다.

그리고 인구가 고령화되면서 또 다른 문제가 발생한다. 나이가 많아 일을 하기 어려운 노령 인구의 비율이 점점 높아진다면 과연 일은 누가 할 것인가? 답은 간단하다. 우리는 그들을 대신하여 로봇이 일할 수 있게 해야 할 것이다.

로봇에 부과하는 급여세

높은 부채, 막대한 자금이 필요한 복지 시스템, 급여세 인상의 위험, 그리고 출산율 저하는 노동시장에 로보칼립스를 가져을 더할 수 없이 나쁜 상황을 일으킬 수 있다. 자동화는 미국의 인구 문제를 일부 해결해 줄 수는 있겠지만 오히려 복지 문제를 악화시킬 위험이 있다. 그럼에도 인구성장률 둔화, 고령화된 노동자의 은퇴로 인해 발생하는 잠재적 노동력 감소에 대한 해결책으로 자동화를 제시할 수 있다.

4장에서 논의했듯이, 자동화는 미국 경제 성장과 함께 사회에 다양한 방법으로 도움이 될 만한 잠재력을 보인다. 그러나 자금이 부족한 사회보장제도와 관련된 비용을 조정하는 것은 질서정연하고 지속 가능한 자동화를 보장하기 위해 매우 필요한 작업이다. 그렇게 하지 않으면 고용주는 높은 급여세를 피하려고 자동화 시스템을 과도하게 선택할 수밖에 없는 그야말로 비효율적인 자동화 물결이 걷잡을 수 없이 퍼져 나갈 것이다.

일부 사상가들은 로봇에 급여세를 부과하는 것을 제안했다.[19] 이는 복잡해 보이기도 하고 복지제도를 개정하는 것보다도 (비록 더 쉬울지라도) 효과가 덜할 것이다. 그렇다면 과연 우리는 어느 선까지 이 문제를 허용해야 할 것인가?

자율주행차에 급여세를 부과할 명분이 있을까? 광산과 건설업 장비에 부과하는 급여세는 또 어떤가? 컴퓨터와 소프트웨어는? 이런 세금 문제에 대해서는 6장에서 다루겠다.

세수 부족으로 세금 인상

세수가 부족하면 세금을 올려서 충당해야 한다. 이때 급여세는 자연히 매우 높아지는데, 우리에게 그런 일이 일어나기까지는 그리 멀지 않았다. 인구성장률의 둔화는 특히 사회보장제도의 자금조달에 필요한 급여세를 감소시킴으로써 미국의 부채와 복지비용 부담을 증가시킬 것이다. 만약 현재의 자금으로 복지제도에서 발생한 채무를 해결하지 못하면 급여세는 오를 수밖에 없다.

그렇다면 누가 급여세를 내는가? 직원과 고용주는 복지비용의 절반씩을 분담한다. 이것은 복지비용이 올라가면 고용주가 직원 한 명을 데리고 있는 데 들어가는 비용도 증가한다는 것을 뜻한다. 결국 이러한 비용 문제로 노동력이 기계로 자동화되는 경향은 점차 빨라질 것이다. 즉, 복지 시스템을 지탱하는 데 드는 비용을 충당하기 위해 급여세가 증가함에 따라 인간 노동자에서 업무를 자동화로 대체하고, 기술을 추가하는 것에 대해 재정적으로 인센티브를 제공하는 방식이 강화될 것으로 보인다. 나를 찾는 많은 고객이 직원 의료비와 관련된 비용 상승에 대해 우려를 표명했다.

더 많은 급여세를 내야 하는 부담을 고용주들이 어떻게 느낄까? 어쨌든 그들도 비용의 절반을 내야 하니까 말이다.

빨라진 자동화로 인한 문제

계속 늘어나는 자동화 현상으로 어느 때보다 고용주에게 자동화를 장려하는 대책이 증가할 것으로 예상한다. 로봇은 사회보장제도를 유지하기 위한 세수 확보의 토대가 될 가능성이 적고, 고용주는 급여세 부담 위험이 줄어든다. 그렇게 되면 복지 시스템을 받치는 세수 확보의 토대는 더욱 줄어들 것이다.

이러한 역학관계를 고려하면 빠르게 자동화가 되는 것은 사회보장제도의 자금 문제를 더욱 악화할 것이다. 이것은 악순환의 문제다. 1980년 코카인 반대 캠페인을 위한 공익광고에서처럼 말이다. 더 많은 돈을 벌기 위해 더 오래 일하고, 그러기 위해 코카인을 하라. 코카인을 더 많이 사기 위해 더 많이 일하고 더 많은 돈을 벌어서 더 많은 코카인을 하게 되는 악순환이 발생하듯이 말이다.[20] 지금의 중독은 코카인이 아니라 자금이 마련되지 않고 세수 확보의 토대가 건강하지 않은 복지제도로서, 이것은 프로이센 군주제까지 거슬러 올라가는 문제다.

또한 직원들에게 시행되는 확정급여제도로 인해 자동차업계나 항공업계와 같은 수많은 산업에 피해를 준 문제도 있다. 바로 '중국에 외주를 주는 것feeding the dragon'이다. 사회보장제도는 일종의 확정급여제이지만 이것은 한 산업만이 아니라, 미국 경제 전체를 위협한다.

시와 주정부 직원의 연금을 비롯한 민간 기업의 확정급여제도도 지금보다는 훨씬 더 유리하고 지속 가능했던 인구통계학적 구조를 모델로 만들어졌다. 지금은 인구 구조가 변함에 따라 확정급여제도를 도입한 모든 산업과 기업 또는 정부 기관에 이르기까지 미국의 복지후생을 위협한다.

현재의 사회보장제도는 미국 경제에 자동화의 과잉이라는 중대한 위험을 초래한다. 직원으로서 누릴 수 있는 가장 좋은 복지 혜택이 무엇인지 묻는다면 아마도 휴가나 병가를 떠올릴 것이다. 그러나 고용주들은 가장 비싼 품목인 급여세와 의료보험을 먼저 생각할 것이다. 키오스크는 휴가도 필요 없으며 건강보험이나 급여세도 현재로서는 필요하지 않다.

2016년 중반, 스페인의 실업률이 약 20퍼센트였고[21] 청년 실업률은 약 43퍼센트였다.[22] 일할 수 있는 인력이 넘쳐났지만, 〈자료 5-8〉에서 보듯이 스페인 바르셀로나에서 열심히 일한 것은 다름 아닌 키오스크였다. 스페인은 유럽 대부분의 지역과 마찬가지로 미국보다 인건비가 매우 높은 편이다. 그러나 키오스크는 급여세도, 건강보험료도, 정부의 재정 지원 혜택도, 병가도, 휴가도, 노동조합도 요구하지 않는다. 이런 키오스크가 노동자들을 대체하고 있어서 앞으로도 청년 실업률이 크게 나아질 것 같지 않다. 이는 분명 미국 청년의 정치 참여와 실업률에 좋지 않은 징조다. 주의하라, 이렇게 로봇이 우리 삶으로 다가오고 있다.

미국의 최저임금 인상은 임금을 받는 노동자들에게 물론 도움이 되지만 누구도 그 돈을 받지 못한다면 오히려 좋지 않게 된다. 예를 들어, 로스앤젤레스에서 최저임금이 인상된 후 로봇의 도래가 앞당겨졌다.[23] 급여세가 상승하면 고용주들이 더 많은 인건비를 부담해야 하고, 총 인건비 상승을 피하고 싶은 고용

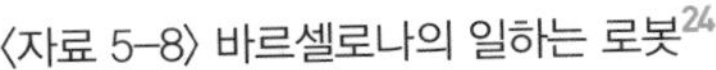
〈자료 5-8〉 바르셀로나의 일하는 로봇[24]

주들은 자동화와 키오스크화 추진을 더욱 앞당길 것이다.

또한 상승하는 복지후생 비용과 급여세는 기업가 정신을 억누를 수 있다. 기업은 급여세 의무를 고용주와 직원이 나누지만, 자영업자는 급여세 전액을 스스로 부담한다. 현재 미국의 급여세 비율은 수입의 15.3퍼센트다.[25] (자영업자들은) 급여세 인상분을 나눌 사람이 없으므로 향후 그 비율은 더 빠르게 증가할 것이다. 만약 사회보장제도를 크게 개선하지 않는다면, 자영업자 세율이 2030년까지 25퍼센트에 달하리라는 것을 어렵지 않게 예상할 수 있다.

자영업자 세율이 점점 더 올라갈수록 기업가 정신을 억압하고 자영업자들에게 피해를 줄 것이다. 퓨 재단Pew Foundation의 기사에 따르면, 1990년 자영업자 비율이 11.4퍼센트였던 데 비해 2014년에는 10퍼센트로 떨어졌다.[26] 퓨 재단이 지적했듯이, 더 중요한 지점은 미국 일자리의 30퍼센트가 '자영업자와 그들이 고용한 노동자들'로 구성되어 있다는 것이다.[27] 다시 말해서, 2014년에 1,460만 자영업자들이 2,940만 명의 노동자를 추가로 고용해 30퍼센트의 고용률을 보인 셈이다.

사회보장제도의 부족분과 세수 기반의 축소로 자영업자 세율은 올라갈 것이다. 이렇게 추가적으로 발생하는 비용 탓에 자영업자 비율은 지속적으로 떨어질 것으로 보인다. 또한 모든 '1099 노동자(독립계약자가 연말에 소득세를 신고하기 위해 사용하는 양식의 번호가 1099번이다-옮긴이)'처럼 소위 '긱경제gig economy(임시직을 주로 고용하는 현상-옮긴이)'에 종사하는 노동자들 역시 자영업자 세율 적용을 받는다. 이 또한 급여세가 증가함에 따라 긱경제의 존립을 어렵게 만들 수 있다.

200조 달러 이상의 향후 복지 지출은 재원이 마련되지 않는 처지에 놓일 것이다. 하지만 연방, 주, 자치주 혹은 시 공무원들을 위해 마련된 연금은 이런 상황에도 끄떡없다. 대부분의 노동자는 재정 상황이 나빠, 개혁이 시급한 확정급여형연금을 받고 있다. 이 연금의 자금 격차는 자동화를 장려하고 사람을 위한 일자리보다 로봇을 위한 일자리를 창출할 것으로 보인다.

'가장 좋은 자동차 업체 노동자는 은퇴한 노동자'라는 오래된 말이 있다. 사회보장제도를 개혁하지 않는다면 이 말은 '가장 좋은 미국인 노동자는 은퇴한 미국인 노동자'로 바뀔 수도 있다. 이것은 우리 모두에게 영향을 미치는데, 재원이 마련되지 않은 미결산 채무로 인해 혜택은 대폭 축소되는 (특히 미래 세대를 위해서) 반면, 개인 분담금은 더 오르기 때문이다. 문제는 문제를 낳는다.

요컨대, 현재의 사회보장제도를 유지하기 위한 세수 확보의 노력이 자동화를 야기한다. 즉, 급여세 인상 위험, 의료보험료 증가, 최저임금 인상 위험으로 고용주들이 자동화를 서둘러 추진함으로써 복지에 쓸 자금의 문제를 더욱 악화시키고 있다. 확정급여형연금(사회보장제도의 일종)의 재정 상태는 수혜자의 수혜 시점 나이가 기대수명보다 30년가량 앞설 때 가장 극대화된다. 자동화는 이 문제를 급속하게 악화시킨다. 특히 수급 및 자금 부족 연금에 대한 세수 확보를 위한 토대를 축소하는 문제를 일으킬 수 있다.

현재 우리 삶에서 두 가지 장담할 수 있는 것이 있다면
바로 죽음과 세금이다.

6장

보편적 기본소득의 맹점

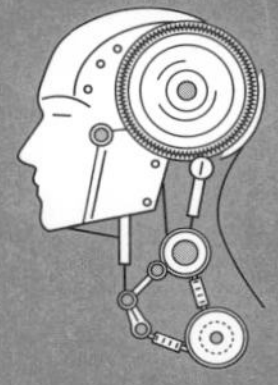

JOBS FOR ROBOTS

BETWEEN ROBOCALYPSE

AND ROBOTOPIA

보편적 기본소득Universal Basic Income, UBI은 일을 하든 하지 않든 모든 사람에게 균등하게 임금을 줘야 한다는 개념이다. 이것은 코로나19 대유행 이전에도 많은 사람에게 관심을 받던 주제였고, 지금은 더욱 주목을 받고 있다. 그러나 보편적 기본소득에서 가장 큰 문제는 우리가 그것을 '감당할 수 없다'는 것이다. 앞장에서 보았듯, 200조 달러에 육박하는 미국 사회보장제도 채무에 더해 보편적 기본소득 예산을 확장하는 것은 사실상 불가능하다.

과학 및 기업 분야 저널리스트인 데이비드 프리드먼David Freedman이 《MIT 테크놀로지 리뷰》에 기본소득에 관한 기사를 기고했다. 그에 따르면 미국의 모든 성인에게 1인당 연간 1만 달러를 지급하면, 현재의 빈곤에서 벗어나기 위해 드는 보조금과 간접비를 포함한 총비용보다도 적어도 두 배 이상의 큰 비용이 들고, 연방 예산에서 1~2조 달러의 비용이 추가될 것이라고 했다.[1] 뿐만 아니라 프리드먼은 "현재의 사회 안전망 프로그램들은 훨씬 더 저렴한 비용으로 효율적으로 빈곤을 없애기 위해 확장 또는 조정될 수 있으며, 이를 통해 일자리 창출과 고용 촉진을 장려하기 위한 돈을 줄 수 있다."[2]라고 주장했다. 다시 말해서, 지금 있는 비효율적 프로그램이 보편적 기본소득보다 나을 수 있다는 것이다.

기본소득에 대한 재원 마련은 차치하더라도, 보편적 기본소득에는 다음 네 가지 주요 문제가 있다.

- 인플레이션의 심화
- 세금 인상
- 장기적 관점에서 경제 발전 저해
- 사회 분열

유럽은 왜 기본소득을 지지하는가

〈자료 6-1〉에서 보듯이 최근 설문 결과에서 유럽인들은 보편적 기본소득을 지지하는 것으로 나왔다. 그러나 이러한 지지와 더불어 지금까지 유권자들이 그 아이디어에 투표했음에도 불구하고 보편적 기본소득 시행은 실패했다. 어떤 국가도 이 정책을 승인하지 않았다.

보편적 기본소득의 전체 개념을 봤을 때 소득의 재분배와 함께 본격적인 공산주의의 낌새가 보인다. 아마 이 점 때문에 미

〈자료 6-1〉 기본소득에 찬성하는 유럽인들[3]

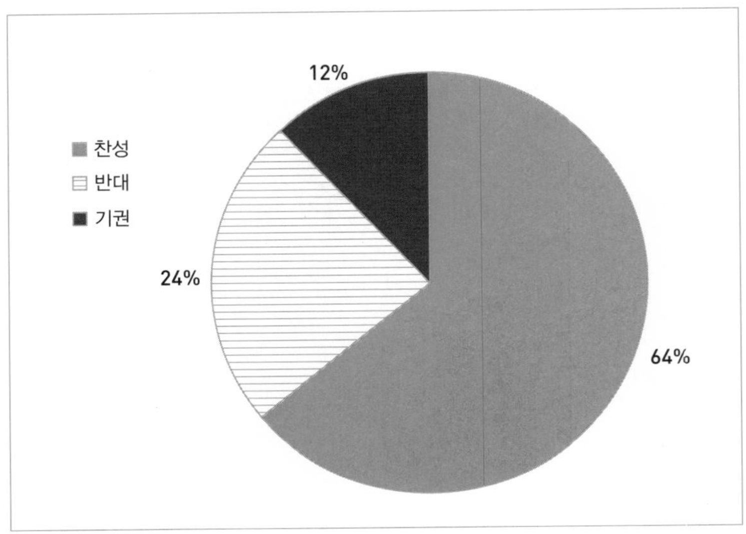

출처: 세계경제포럼

국인보다 정치 역사가 훨씬 다양한 유럽인들이 매력적이라고 느끼는 듯하다. 보편적 기본소득은 유럽에서 더 지지를 받을 가능성이 큰데, 그 이유는 이를 지지하는 응답자들이 실제로 그게 무엇을 의미하는지 잘 몰라서다. 〈자료 6-2〉가 이를 잘 보여 준다.

나는 1920년대 공산주의에 관한 유럽인들의 의견과 지식을 나타낸 그래프가 이와 다소 비슷해 보였을 것이라고 장담한다.

〈자료 6-2〉 유럽인들의 기본소득에 대한 이해 수준[4]

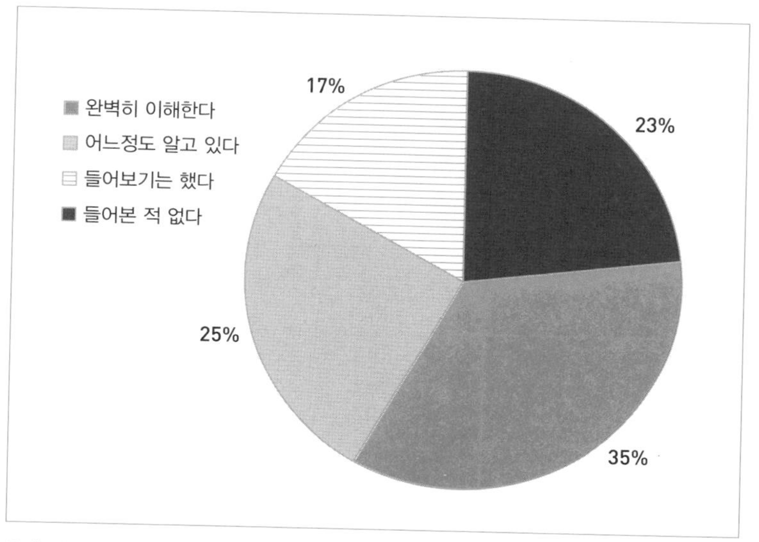

출처: 세계경제포럼

인플레이션이 심화할 것이다

인플레이션은 화폐 가치가 하락하여 물가가 전반적으로, 지속적으로 오르는 현상이다. 다시 말해, 물가가 상승하여 보유한 달러가 구매력을 잃는 것을 의미한다. 〈자료 6-3〉에서 볼 수 있듯이 미국 인플레이션율은 1979년 6월에 정점을 찍은 이래로 전년 대비 비율이 장기간에 걸쳐 서서히 감소했다.

잠시 상상해 보자. 만일 모든 사람이 보편적 기본소득을 받는다면 어떻게 될까? 보편적 기본소득은 공짜로 지급되는 돈으로,

〈자료 6-3〉 미국 소비자 가격 인플레이션 비율[5]

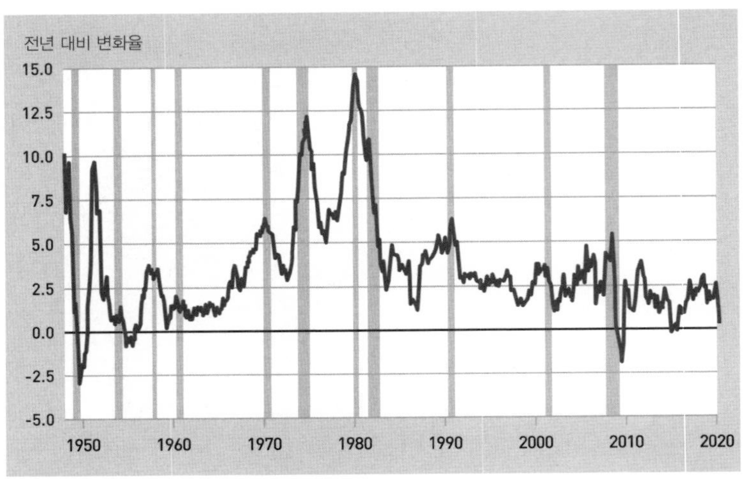

출처: 미국 노동통계국

기본적으로 모든 사람이 받는다. 만약 아무것도 하지 않는 모든 성인이 정부로부터 지원금을 받는다면 커피, 차, 옷, 음식 등의 가격은 어떻게 될까? 아무 일을 하지 않아도 기아차의 절반값을 공짜 소득으로 주면 과연 기아차는 얼마여야 할까?

논리적으로 생각해 보면 결과는 간단하다. 물가는 오를 것이다. 자산 보유자와 채권자에게는 인플레이션율이 높아지면 좋지만, 수입이 고정된 사람들에게는 특히나 좋은 일이 될 수 없다.

고정소득 투자에는 회사채와 국채, 사회보장과 확정급여형 퇴직연금 지급 등이 포함된다. 보편적 기본소득으로 인한 인플레이션 위험을 고려할 때, 사람들이 보편적 기본소득 보조금을 받기 시작하면 물가는 상승하고 고정소득으로서 지급되는 화폐 가치는 떨어질 것이다.

물가가 상승하면, 인플레이션으로 인한 화폐 가치 손실을 만회하기 위해서 보편적 기본소득을 올려야 할 필요성이 커질 것이다. 결국 이것은 추가로 늘어나야 하는 보편적 기본소득의 필요성을 정당화하면서 물가를 더욱 상승시킬 것이다.

그렇다면 얼마가 적당할까? 우리가 보편적 기본소득의 길을 한번 따라가기 시작하면 그 어떤 금액도 충분하지 않을 수 있다. 미래의 조폐회사들은 그 어느 때보다 빠른 속도로 보편적 기본소득을 마련하기 위해 새로운 돈을 발행해야 할지도 모른다.

낮고 안정적인 인플레이션은 성장을 증진하지만, 높은 수준의 인플레이션은 경제를 불안정하게 한다. 가령 1920년대 초반 독일에서 하이퍼인플레이션(물가 상승이 통제 가능한 범위를 벗어나서 수백 퍼센트 이상으로 인플레이션이 일어나는 경우–옮긴이)이 일어난 것처럼 물가 상승이 급속하다면 사람들은 가치가 없는 지폐로 집을 도배할 수도 있을 것이다. 좀 더 최근 예시로 2008년 아프리카 짐바브웨에서 그랬듯이 지폐가 수

조(兆) 단위로 표시될 수 있다. 당시 짐바브웨는 극심한 인플레이션에 시달려 1천억 단위 화폐를 발행했지만 이 지폐로도 한 개에 350억 짐바브웨 달러에 이르는 달걀 3개(총 1050억 짐바브웨 달러)를 살 수 없었다.

지금 나는 보편적 기본소득이 1920년대 독일이나 현대의 짐바브웨와 같은 전철을 밟게 할 거라고 말하는 것은 아니다. 하지만 그렇게 되지 않는다는 보장이 어디 있겠는가?

세금이 올라갈 것이다

현재 미국 정부 예산으로는 보편적 기본소득을 감당할 수 없다. 그리고 우리는 국가 부채를 (오늘날의 가치로) 연간 1~2조 달러 더 늘릴 수도 없다. 그렇다면 보편적 기본소득에 대한 재원을 어딘가에서 찾아야 한다. 화폐를 찍어낼 수는 있지만 이는 빚이 늘어남을 의미한다. 우리는 어디에선가 은밀히 달러 인쇄기를 작동할 수도 없고, 집집마다 사람들이 잠든 사이 산타처럼 보편적 기본소득을 몰래 두고 갈 수도 없다. 그러나 이런 계획을 가진 사람이 많으니, 우리는 이제 우유와 쿠키를 사 두는 게 좋을지도 모른다.

진지하게 생각해 보면, 보편적 기본소득의 재원 마련을 위한 단 한 가지 방법은 세금이다. 더 높은 급여세, 법인세, 재산세나 로봇 노동 급여세와 같은 새로운 세금으로 재정을 창출할 수 있다. 그러나 한 가지 확실한 사실은 어쨌든 세금이 오른다는 것이다.

5장에서 말했듯이 기업(그리고 개인)은 세금 장려책에 반응을 보일 것이다. 그리고 수혜자의 어떤 노동이나 활동과 상관없이 순수하게 부의 재분배를 위해 높은 세금을 부과하다 보면 기술 개발이나 투자, 경제 활동 전반에 대한 의욕을 떨어뜨릴 것이다.

로봇에 세금을 부과한다

일명 '로봇세(로봇의 노동으로 생산하는 경제적 가치에 부과하는 세금)'를 둘러싼 논쟁이 가열되고 있다. 빌 게이츠를 포함한 많은 기업 지도자들은 로봇세에 지지의 목소리를 내고 있다. 로봇세를 거둬 로봇으로 인해 일자리를 잃은 사람들에게 직업 훈련을 시키고 이들이 새로운 일자리를 찾도록 하는 데 써야 한다는 것이다. 하지만 어떤 로봇에 세금을 부과해야 하는지는 어려운 과제다. 하드웨어와 소프트웨어는? 스마트폰과 마이크로소프트 엑셀은?

로봇세 논쟁은 사라지지 않겠지만 실제로 이를 실행하고 세수를 배분하는 일은 복잡할 것이며, 시간이 지날수록 정책 입안자들이 더 면밀히 살펴봐야 할 부분이다. 특히 자동화로 인해 많은 직업이 사라질 때는 더욱 그렇다.

물론 로봇세로 창출된 돈은 자금이 확충되지 않은 메디케어, 메디케이드, 그리고 사회보장의 복지후생 의무 이행을 목적으로 쓰일 수 있다. 이러한 것들은 이미 급여세를 통해 자금을 조달하고 있다. 한편, 로봇세를 부과하더라도 정책 입안자들이 사회보장제도를 소홀히 여길 수도 있다. 왜냐하면 로봇세가 사회보장제도의 자금으로 쓰인다면 보편적 기본소득을 구현할 여지가 많지 않기 때문이다.

나는 로봇세와 보편적 기본소득의 개념에 매우 회의적인 입장이지만, 정치 세계에서는 항상 확실한 한 가지가 있다. 만일 폴에게 급여를 주고자 피터의 것을 빼앗을 때 폴은 이 일을 환영할 것이다. 피터는 참정권이 없는 로봇이 되고 폴은 공짜로 돈을 벌게 되는 것이다.

법인세

2016년, 법인세 인하를 포함한 세금 개혁에 대한 논쟁이 격렬했다. 모든 미국인을 위한 보편적 기본소득 자금을 조달하기 위해 법인세를 대폭 인상하려는 움직임은 향후 첨예한 저항과 기업의 해외 이전에 직면할 것이다. 우리 경제는 보편적 기본소득을 충족하기 위한 징세를 피하고자 하는 기업들의 대량 이탈을 경험할 수 있다.

물론 우리는 기술 법인을 선별할 수 있지만, 앞서 언급했듯이 기술 기업들은 일자리 창출에 다섯 배 이상의 승수를 가진다. 일자리 하나가 창출될 때마다 5개의 추가 일자리 창출이 가능한 기업을 내쫓아 버리는 꼴이 될 수 있다.

소득세

보편적 기본소득 자금을 확충할 수 있는 또 다른 방법은 일하는 사람들에게 세금을 매기는 것이다. 모든 사람은 무료로 보편적 기본소득을 받는다. 그러나 일을 해서 소득이 생긴 사람들은 나머지 모든 사람을 위해 보편적 기본소득 비용을 낸다. 누구도 일하기를 원하지 않고, 일하고 싶어 하지도 않고, 일할 계획을 세우지도 않고, 어쩌면 평생 게임만 하고 싶어 하는 보편적 기본소득의 수혜자가 있다 할지라도 말이다. 바로 이것이 장기적인 경제 발전을 저해하는 위험 요소가 될 수 있다.

현재 우리 삶에서 두 가지 장담할 수 있는 것이 있다면 바로 죽음과 세금은 피할 수 없다는 것이다. 졸탄 이스트반Zoltan Istvan과 같은 특이점주의자들과 트랜스휴머니스트Transhumanist들은 인간이 앞으로 죽지 않을 것이라고 말한다. 어쩌면 미래에는 영원히 살 수 있게 될지도 모른다. 하지만 세금은 여전히 부과될 것이다. 그리고 보편적 기본소득의 구현과 함께 더 많은 세금을 내야 할 것이다.

장기적으로 경제 발전에 부정적 영향을 미칠 것이다

1장에서 중세 직업과 이름에 관해 말했듯이 철과 강철 시대가 시작될 무렵인 산업혁명 당시 공장에서 스미스와 웨버를 포함한 다른 성을 가진 많은 사람들의 직업이 사라졌다.

물론 산업혁명 동안에도 아동 노동 문제, 끔찍한 노동환경, 노동자들 권리 보호 부족 등 노동력의 광범위한 남용 문제가 있었다. 그 결과 노동조합이 탄생하였고 노동 개혁이 이루어졌다. 주말과 휴일의 보장, 유급휴가의 개념 등 많은 부분이 노동조합의 발전에서 비롯되었고, 보다 인간적인 노동환경으로 바뀌는 데 성공했다. 완전한 해결책은 아니었지만, 사회는 개선되었고 경제도 발전했다.

마을 기반의 삶이 약화되면서 동시에 새로운 직업의 출현과 탄생이 중요해졌다. 그리고 대학 수준의 교육에 폭넓게 접근할 수 있게 되면서 의사, 언론인, 변호사, 또 다른 분야의 전문가들을 더 많이 양성할 수 있었다. 산업 전반과 많은 직업군에 걸쳐 큰 발전이 있었고 이것은 사회에 매우 긍정적인 영향을 주었다.

그런데 만일 사람들이 자기 마을에 계속 머물면서 지원금만 받으며 살았다면 어떻게 됐을까? 1800년대 유럽 군주들이 스미스(대장장이), 밀러(제분업자), 웨버(직공)에게 지원금을 준 탓에 이들이 다시는 일을 하지 않았다고 상상해 보라. 유럽의 경제 성장에 어떤 일이 벌어졌을까? 만일 1800년대 후반의 장인들이 미국 정부로부터 보편적 기본소득을 쥐어 짜냈다면, 미국 경제에 무슨 일이 벌어졌을까?

나는 상당히 저조한 경제 성과, 경제 발전 억제, 그리고 둔화된 성장을 초래했을 것이라고 생각한다. 이런 부정적인 영향들이 예상되는데, 왜 사람들은 여전히 보편적 기본소득을 이야기하는가?

보편적 기본소득은 개인의 기술격차 해소에 도움이 되지 않는다. 그것은 단지 돈을 던져서 문제를 회피할 뿐이다. 자본주의 경제에서의 적응성을 단축할 뿐이고 장기적인 경제 성장의 잠재력까지 감소시킬 뿐이다. 이것은 보편적 기본소득과 관련하여 우리가 생각해 봐야 할 부분이다. 만일 모두가 지원금을 받는다면, 경제는 적응과 성장을 멈출 것이다.

더 중요한 것은 영구적인 실직 문제의 해결책으로서 보편적 기본소득에 대한 개별 비용이 있다는 점이다. 만일 1800

년대 후반의 개인들이 사회의 변화로 자신의 직업이 더 이상 존재하지 않아서 돈을 받았다면, 그리고 아무것도 하지 않았다면, 스미스, 밀러, 태너(무두장이), 웨버에게 무슨 일이 일어났을까? 스스로를 아무것도 아니라고 느꼈을까? 그렇다면, 그런 시점에 사회에서는 무슨 일이 벌어졌을까? 사람들이 아무것도 하지 않고 보편적 기본소득을 받는다면 과연 우리는 앞으로 어떻게 될까?

사회에 실존적 위협이 될 것이다

시간이 지나면서 많은 직업이 바뀌고 쓸모없어지겠지만, 나는 근본적으로 인간에게는 일거리가 필요하며 여가만 즐기는 삶은 완전한 만족을 주지 못한다고 생각한다. 물론 몇 년 동안 노는 것은 좋다. 하지만 억만장자들은 왜 계속 일을 하는 것일까? 이는 그들이 동물로 비유하자면 '저먼 셰퍼드German Shepherds'이기 때문이다. 우리 가족이나 가까운 친구들, 지인 등 내가 아는 사람들 대부분이 저먼 셰퍼드를 연상시킨다. 이 사람들은 할 일이 있는 것, 바쁘고 짬 없는 것을 좋아한다. 셰퍼드를 키우거나 가까이서 지켜보거나 동물 보호소에서 자원봉사한 경험이 있다면 알 것이다. 이 견종은 할 일이 없으면 지루함을 견디지 못하고 집의 가구를 망가뜨린다.

나는 이와 마찬가지로 사람도 할 일이 없어 지루해지면 결국 자기 삶을 망가뜨릴 것이라고 본다. 그리스 신화에 나오는 교훈이기도 하다. 그리스 신들은 전쟁과 분쟁에 휘말렸는데 그 이유가 단지 지루함 때문이었다. 할 일이 없던 그들은 지루함을 해소하기 위해 세상을 대혼란으로 몰아넣었다.

은퇴자들이 재정 지원을 받는 복지 혜택을 누리는 이유는 일반적으로 신체활동이 적기 때문이다. 그러나 미취업 상태인 젊은 성인들에게는 완전히 다른 얘기다. 젊은이들에게는 일거리가 필요하다. 이것은 로봇과 자동화 문제와 함께 미래 사회의 도전 과제가 될 수 있다. 사람들이 정신적, 육체적으로 활동성을 유지하지 못하면 사회에 위협이 될 것이다. 이것은 미처 생각하지 못한 위협이며, 사람들은 이런 이야기를 하지 않는다.

"게으른 손은 악마의 작업장이다idle hands are the devil's workshop." 아무 일도 하지 않고 손이 놀고 있으면 그 틈을 타 나쁜 일을 도모한다는 말이다. 사람들에게 일거리가 없는 것은 매우 큰 문제다. 일하지 않는 세상, 보편적 기본소득의 세상은 이 사회에 실존적인 위협이 될 것이다.

제리 카플란은 로봇과 미래 일에 관한 그의 책 『인간은 필요 없다』에서 이렇게 지적한다. "우리가 일하는 이유가 단지 돈에만 있는 것은 아니다. 인간은 스스로에 대해 사회의 유용한 구성원이라고 생각하기를 원한다. 자기 자신과 가족을 책임지는 것뿐 아니라 타인의 복지에도 도움을 주고 싶어 한다. 대부분은 다른 사람을 돕고, 자신의 자존감을 높이고 삶의 목적과 의미를 부여하는 것에 큰 만족감을 느낀다."[6]

〈자료 6-4〉 바쁜 사람들이 행복하다[7]

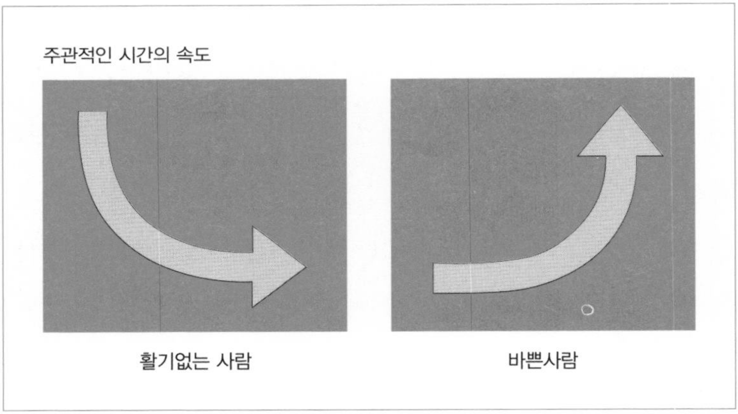

주관적인 시간의 속도

활기없는 사람

바쁜사람

출처: 《디 애틀랙틱》

나는 예전부터 바쁜 사람들이 행복하다고 말했다. 이는 2017년 2월 《디 애틀랜틱The Atlantic》이라는 기사에서 개념을 가져와 덧붙인 설명으로, 〈자료 6-4〉에서 확인할 수 있다.[8] 《디 애틀랜틱》의 저자는 "많은 사람들이 자신이 하고 있는 일을 싫어하지

만, 사실 아무것도 하지 않는 것이 훨씬 더 비참하다는 데 일의 역설이 존재한다."라고 지적했다.[9]

베를린 장벽이 1989년에 무너지고 그 뒤 1991년 소련이 붕괴되자, 서방세계는 자본주의가 공산주의를 물리쳤다고 공표했다. 그러나 역사에 대한 시각은 시간이 지나면서 변한다. 대부분의 유럽 역사학자들은 제1차 세계대전과 제2차 세계대전 중 실제 무력 충돌이 있었던 기간 사이의 전간기(戰間期)를 하나의 긴 휴전상태로 보고 그것 또한 전쟁이라고 인식한다. 나는 우리가 실제로 공산주의의 종말을 보았는지, 아니면 우리가 단지 휴전 중인 것은 아닌지 궁금하다.

만약 보편적 기본소득이 역사의 결승선을 통과한다면 우리는 지금까지 계속되어 온 1라운드 냉전의 '종말'을 보게 될 수도 있으며, 그 끝에서 자본주의는 패배할 수도 있다. 나는 마르크스, 엥겔스, 레닌, 룩셈부르크, 트로츠키와 같은 공산주의 지도자들이 쓴 저서들을 읽어 보았다. 그러나 그들 저서 가운데 일부는 여느 실리콘밸리 미래학자들이 포스트 자본주의 세계에 도래할 로보토피아를 이야기할 때 사용한 언어에 비해 덜 공격적이다.

방심하지 마라. 공산주의가 실패했다는 최종 선고를 아직 내리지 않았을지도 모른다. 비스마르크가 미국 사회 보장제도의 할아버지라면 카를 마르크스는 보편적 기본소득의 할아버지일 것이다.

기본소득은 성공 가능한 선택이 아니다

보편적 기본소득은 비용이 많이 들고, 걷잡을 수 없는 인플레이션, 기업 이탈, 높은 세금, 장기 경제 침체, 개인의 삶과 사회의 분열 등의 문제를 일으킬 수 있다. 그렇기에 보편적 기본소득은 성공 가능한 선택이 아니다. 우리는 다만 변화에 적응해야 한다.

다행히도, 다음 장에서 볼 수 있듯 우리는 이전의 다른 어느 때보다 변화에 대한 준비가 되어 있다. 이 책의 초판을 출간한 이후 나는 보편적 기본소득을 지지하는 사람들과 많은 교류를 할 수 있었는데, 대부분은 썩 유쾌하지 않았다. 공짜로 주는 돈은 물론 매혹적인 제안이기에, 보편적 기본소득을 좋은 아이디어라고 생각하는 사람들이 앞으로 급속히 늘어날 것이라고 예상한다.

미국 대선에서 단기간에 중요 이슈가 될 정도로 보편적 기본소득은 다가올 20년 가장 뜨거운 정치적 이슈가 될 것이다. 비록 미국 경제가 그것을 감당할 수 없을지라도 모든 사람에게 공짜로 주는 돈은 수많은 사람의 마음을 사로잡을 것이다. 특히 코

〈자료 6-5〉 보편적 기본소득의 할아버지, 카를 마르크스[10]

로나19로 인한 경제 셧다운과 그 불황의 여파로 사람들이 재정 부양책을 공급받은 후에는 더욱 그렇다.

보편적 기본소득 지지자들은 "온 세계의 실직자들이여, 단결하라!"고 말할 것이다. 우리는 이에 저항해야 한다. 보편적 기본소득이 내건 잘못된 약속이 결국 경제 전체를 침몰시킬 수 있기 때문이다. 이것은 한국과, 다른 모든 자본주의 민주주의에서와 마찬가지로, 미국에서도 그렇다.

교육은 개인이 경제적 기회를 얻는 데 결정적 요소다.
교육에 대한 접근성을 높이는 것은 사회 전체와 경제가 자동화 시대에
얼마나 발전할 것인가를 결정짓는 데 중요한 역할을 할 것이다.

7장

답은 교육에 있다

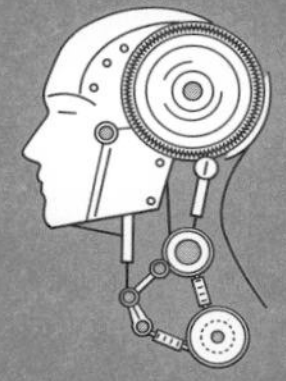

JOBS FOR ROBOTS

BETWEEN ROBOCALYPSE

AND ROBOTOPIA

보편적 기본소득은 기술적 실업의 해답이 될 수 없다. 답은 교육에 있다. 교육은 로보칼립스에 대항할 수 있는 가장 큰 방어 수단이며, 우리가 인간을 생산적이고 사회에 참여하는 구성원으로 준비시키기 위한 최고의 도구다. 정보화 시대에서 자동화 시대로 발돋움함에 따라 온라인 교육의 민주화를 통해 노동자에게 교육의 기회를 제공하는 것이 무엇보다 중요하다.

2016년에 이 책 초판을 집필할 당시로 돌아가 보면, 물리적 교실을 온라인으로 변환하는 일은 여전히 멀게만 느껴졌다. 내가 석사 학위를 온라인으로 끝냈음에도 말이다. 그러나 몇 년 사이에 상황이 많이 바뀌었다.

코로나19 대유행이 이어지면서, 이전에 온라인 교육을 전혀 고려해 보지 않던 많은 사람이 온라인 교육을 받고 있다. 전염병으로 셧다운 상황이 발생하자 다른 사람과 접촉하거나 이동하는 것이 제한되었지만, 이러한 대혼란 속에서도 사람들은 자기 직업을 지키기 위해 온라인 교육 과정, 자격증과 학위를 찾아 기술을 배우고 있다.

지난 2017년에도 교육의 미래는 텔레비전 스튜디오를 배경으로 한 손안의 교실이 될 것으로 예상했다. 나는 독자들에게 앞으로의 교실은 캠퍼스보다는 손안이 될 것이라고 말한 적이 있다. 그리고 이는 코로나19 대유행 중에 이미 많은 사람들에게 실현되었다.

온라인 공개 강좌의 부상

그린룸(대기실)은 방송에 출연하는 사람들이 텔레비전 프로그램에 나오기 전에 방송 또는 영상 녹화를 준비하거나 휴식을 하는 공간이다. 나는 TV 출연으로 그린룸에 있던 적이 많은데 어떤 그린룸에는 텔레비전도 있고, 어항이나 먹을 것 등이 갖춰져 있기도 했다.

내가 지금껏 경험하고 들어봤던 것 중 내 마음을 가장 사로잡은 그린룸이 하나 있는데, 〈자료 7-1〉에 있는 오스틴 텍사스대학교의 그린룸이다. 이곳은 오래전부터 교사 라운지나 교실, 어학 실습실 등으로 사용되곤 했다. 하지만 몇 년 전부터는 교수들이 카메라 너머 수백 수천 명의 학생들 앞에 나가기 전에 먼저 메이크업을 받는 곳으로 변모했다. 텍사스대학교의 온라인 교육 과정이 폭넓어지면서 제작팀이 그 공간을 사용하게 된 것이다. 텍사스대학교는 온라인 수업 수를 크게 늘려야 했다. 그리고

〈자료 7-1〉 오스틴 텍사스대학교의 그린룸[1]

이제는 거의 모든 대학에서, 적어도 앞으로 수십 년 후까지 존립하기를 원하는 모든 대학에서 그렇게 하고 있다.

텍사스대학교에는 그린룸과 함께 이미지와 배경을 재미있게 편집하는 그린스크린green screen〈자료 7-2〉도 운영한다.

이렇게 온라인 교육을 확대하게 된 계기는, 학위 이수 요건을 충족하기 위한 수업을 온라인으로 더 많이 배치하여 시스템상의 병목 현상을 없애 학생들이 제때 졸업할 수 있도록 하기 위한 것이다. 최근에는 이러한 요구가 코로나19 대유행 중에도 교육을 지속해야 하므로 가능한 한 많은 수업을 온라인으로 들을 수 있어야 한다는 매우 긴급한 필요로 대체되었다.

지금은 많은 대학이 온라인 교육의 물결에 편승했다. 이 물결

〈자료 7-2〉 오스틴 텍사스대학교의 그린스크린[2]

은 계속해서 커지는 중이다. 이 물결은 결코 작아지지 않고 앞으로 계속 급부상할 것으로 예상한다. 〈자료 7-3〉에서 세계 온라인 공개 강좌Massive Open Online Courses, MOOCs의 총량이 시간을 거듭하며 얼마나 늘어났는지를 볼 수 있다.

일반 교육 과정 외에도 학사, 석사, 박사 학위 전체가 완전히 온라인으로 전환되었다. 온라인 교육 기회는 지난 5년간 눈에 띄게 증가했고, 더욱 늘어날 태세를 갖추고 있다. 나 역시 석사 학위를 온라인으로 받았고, 모두에게 추천한다. 지금도 많은 사

〈자료 7-3〉 온라인 공개 강좌(MOOC)의 세계적 성장[3]

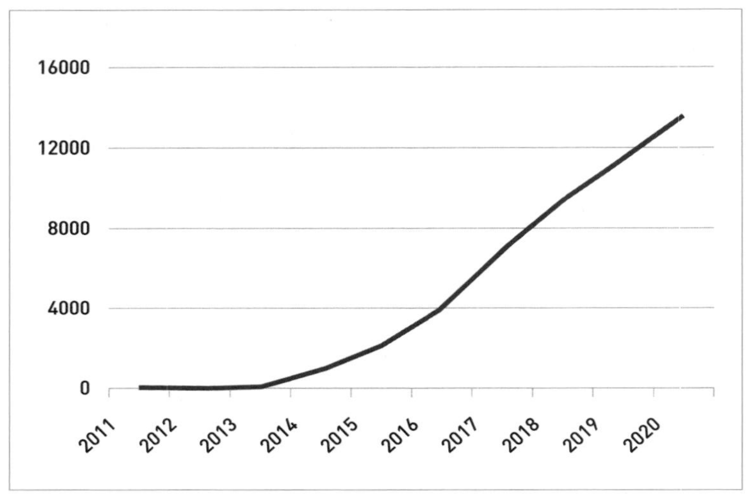

출처: Class-Central(http://www.class-central.com/report/moocs-2015-stats/)

람이 온라인으로 학위를 따고자 공부하고 있다.

수년 전, 미래학자 토머스 프레이Thomas Frey가 "2030년까지 인터넷에서의 가장 큰 기업은 우리가 아직 들어본 적이 없는 교육 기반의 회사가 될 것이다."라고 쓴 것처럼 온라인 학습 시장은 그 열기가 뜨겁다.[4] 나는 2020년의 상황에 비추어서 이와 약간 다른 견해를 가지고 있다. 2030년에 온라인 학위를 수여하는 가장 큰 기업은 이미 존재하는 것 같다. 특히 링크드인 러닝LinkedIn learning 같은 온라인 학습 플랫폼은 더욱 발전하여 결국 더 체계화된 학위를 줄 수 있는, 세계에서 가장 거대한 대학교로 변모하리란 것을 쉽게 상상할 수 있다.

현재 수백만 명이 링크드인 러닝을 비롯한 여러 온라인 플랫폼에서 같은 교육 과정을 수강하고 있다. 정규 교육 과정에는 행정 비용이 수반되는 데 비해, 온라인 과정의 경우 그런 비용을 줄일 수 있기에 한계생산비는 그렇게 가파르지 않다. 그리고 사람들은 교육에의 투자가 곧 긍정적인 결과를 낳는다는 것을 알기 때문에 배우는 데 기꺼이 돈을 낸다. 따라서 앞으로 온라인 교육은 하나의 산업으로 더욱 성장할 것이다. 또한 정규 교육이 무료가 되기까지는 아주 오랜 시간이 걸릴 것으로 본다.

1980년대 시트콤에서처럼 오스틴의 텍사스대학교는 일부 강좌에 라이브 스튜디오 청중을 둔다. 오스틴 텍사스대학교 온라인 과정의 스튜디오에는 청중이 앉을 수 있는 좌석이 마련되어 있다. 각 좌석에는 학생들이 질문할 수 있도록 마이크가 설치되어 있고, 어떤 경우에는 사전에 좌석이 배정되기도 한다.

사무실이 필요하지 않다면, 마찬가지로 실제 교실도 필요하지 않을 것이다. 비싸고 때로는 과시적이기도 한 대학 부동산과,

〈자료 7-4〉 라이브 스튜디오 청중 앞에서 녹화하기[5]

미국 대학에 입학하고자 하는 국내 및 해외의 지원자들을 생각해 보자. 만약 학생들이 원격으로 출석한다면 캠퍼스 건물을 더 많이 지을 필요가 없다. 마치 시즌 티켓이 없어도 야구 경기를 관람할 수 있는 티켓을 구매할 수 있는 것처럼, 특정 대학에 갔다는 것을 뽐내고자 직접 모든 수업에 참석할 필요는 없다. 어떤 경우에는, 어디선가 학위를 받았다고 하는 것이 그곳에서 딱 한 번 대면 수업에 참석한 것만큼 좋을 수도 있다.

온라인 교육 과정은 엄청난 가치가 있다. 그러나 앞으로 학위가 가지는 가치는 두 갈래로 나뉠 것이다. 인적 네트워크가 중요한 전공도 있지만, 어느 전공에서는 그것이 상대적으로 중요하지 않기도 한다. 경영학 학사 학위와 MBA는 다른 학생들과의 직접적인 접촉을 통해 학생들에게 그 가치를 계속 제공할 수 있다. 경영학을 공부할 때 네트워킹과 개인적 관계는 학위의 가치 면에서 중요하게 작용하는데, 이런 관계들이 단기 혹은 장기적인 직업의 기회를 창출하기 때문이다.

비즈니스 세계에서 온라인 회의 플랫폼 줌Zoom이 아무리 좋다고 하더라도 직접 얼굴을 보고 만나서 이야기하는 것을 대체하기는 어렵다. 물론 네트워킹 외에도 경영학 전공 학생들은 프로젝트 관리 기술과 재정적 통찰력을 획득해 상당한 유익을 얻을 수 있다. 이런 기술들은 나중에 구직의 기회를 크게 높일 것이다.

그러나 이외 대학원(및 학사) 학위에서 네트워킹은 그렇게 중요하지 않다. 교사, 간호사 혹은 IT 전문가가 되려고 한다면 학위에서 최대치의 이익을 얻고자 굳이 오프라인 교실에 있을 필요는 없다. 내용은 배워야 하겠지만 경영학만큼 인적 네트워킹을 쌓아야 할 필요는 없다는 것이다. 일부 전문 분야의 경우 학위를 가지고 있으면 좀 더 쉽게 직장을 구할 수 있다. 의료 분야와 같이 노동력이 부족한 곳에 적합한 자격을 갖춘다면 꽤 빠르게 취업할 수 있다. 의료 분야 경력에 오프라인 학위에서 얻을 수 있는 네트워크가 덜 중요한 이유다. 그러나 경영관리 분야에서 오래 경력을 쌓을 계획이라면 인적 네트워크는 그 무엇보다 중요하다. 좋은 네트워크를 구축하는 것이 수업을 듣는 것보다 도 중요하기 때문이다.

3개 석사 학위 이야기

온라인 교육 과정으로 사람 간의 접촉이 줄어드는 것은 어떤 분야의 경우 그 가치의 손실이 상당하다. 그러나 이것은 무엇을 공부하느냐에 따라 다르다. 나는 모두 다른 세 군데 대학원 프로그램으로 공부를 했다. 먼저 채플힐에 있는 노스캐롤라이나대학교에서 독일 문학 석사를 공부할 때는 수업 내용이 중요했다. 대학원 1~2학년 여름 동안에 대학을 다니는 전체 기간 동안 읽어야 할 책들을 거의 다 읽었다. 나는 혼자서 모든 수업 자료를 읽었고, 원격 교육은 아니었지만 대부분 원격으로 수업을 들었다. 물론 학위는 잘 끝났다. 나는 독일에 살았고, 계속해서 독일어를 사용했기 때문이다.

그린스보로에 있는 노스캐롤라이나대학교에서 응용경제학 석사 과정과 MBA 과정을 밟을 때는 수업 내용도 중요했지만 같은 수업을 듣는 수강생들을 아는 것이 훨씬 더 중요했다. 경영학 프로그램이었기 때문에 네트워킹은 개인적으로도 직업적으로도 성공하는 데 도움이 됐다.

캘리포니아 주립대학교 도밍게즈 힐즈에서 협상학 석사를 공부할 때는 수업 내용이 곧 내 일에 있어 가장 중요한 부분이었다. 학교에 한 번도 가본 적이 없었고 석사 논문 디펜스도 스카이프로 했다. 또한 그 18개월 동안 200권 이상의 협상 관련 도서를 읽었다. 훌륭한 자기 주도적 학습 과정이었다.

온라인 학위를 하고자 하는 누구에게든 나는 추천할 것이다. 물론 경영학 학위에 대해서는 사람들을 만나는 것이 중요하지만, 현재 코로나19가 일어난 상황에서 많은 사람들이 줌Zoom과 같은 다양한 플랫폼에서 학위 과정을 진행하고, 팀 프로젝트 작업이나 석사 및 박사 학위 논문 디펜스 등 다양한 일들을 온라인 네트워킹으로 해결하고 있다.

교육을 많이 받을수록 소득이 더 많다

3장에서 본 것처럼, 낮은 수준의 교육으로 얻을 수 있는 직업들은 자동화에 가장 많이 노출될 것이다. 그리고 대학원 학위를 요구하는 직업들의 자동화 확률은 0%이다. 교육은 소득과 고용 모두에 있어 결정적인 요인이다.

〈자료 7-5〉에서 볼 수 있듯, 박사 학위 혹은 전문적 학위가 가장 높은 연봉을 가져가는데, 이는 평균보다 두 배 이상이다. 학사는 두 번째이고 석사학위는 세 번째에 가깝다. 가장 중요한

〈자료 7-5〉 필수 교육 수준에 따른 임금[6]

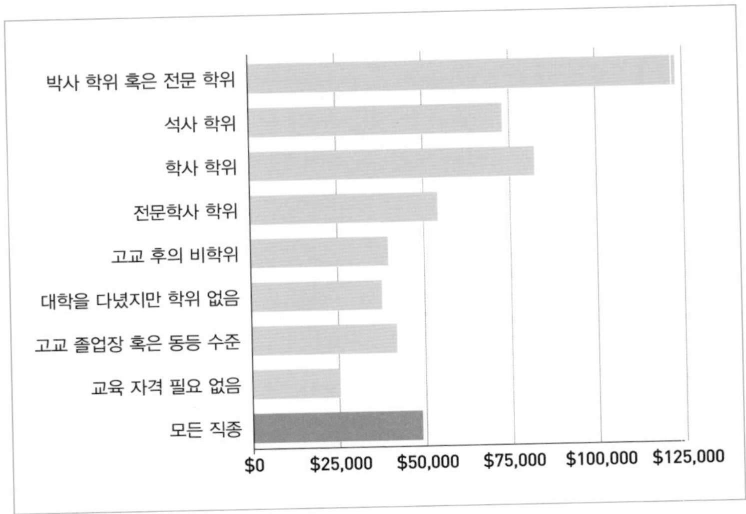

출처: 미국 노동통계국

것은 전문학사 이상의 근로자의 초봉이 모두 국내 평균 이상이라는 것이다.

교육과 실업률의 역관계

교육은 실업률과도 관련이 있다. 교육 수준이 높다면, 대공황이 찾아와도 실업 상태가 아닐 가능성이 크다.

〈자료 7-6〉은 모든 교육 수준에서 실업률이 증가했던 2007년부터 2009년까지 리먼브라더스발 금융위기 상황에서 교육이

〈자료 7-6〉 교육에 따른 실업률[7]

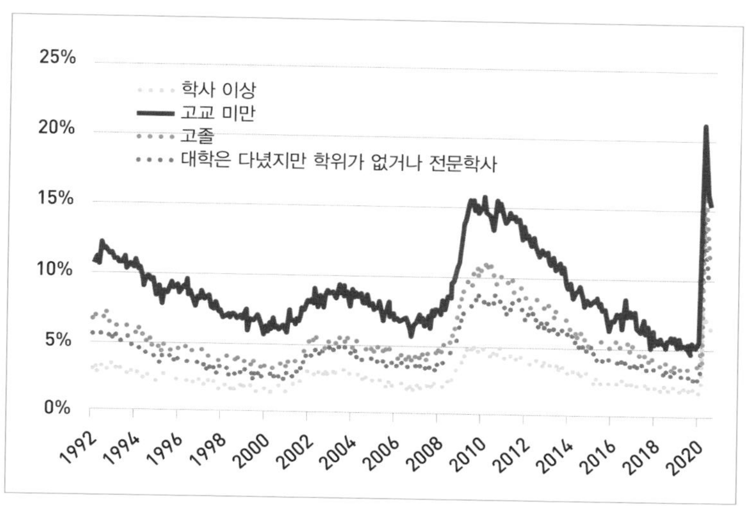

출처: 연방준비제도이사회 경제 자료

실업률에 미친 영향을 보여 준다. 고등학교 졸업장이 없는 노동자들의 실업률은 2006년 10월 최저 5.8퍼센트에서 2009년 6월 15.6퍼센트로 가장 높은 상승률을 기록했다. 이는 거의 10퍼센트 포인트 증가한 것이다.[8]

동시에 학사 학위가 있는 이들은 금융위기 동안 훨씬 안전했다. 이들의 실업률은 2007년 3월에는 최저 1.8퍼센트였고, 2009년 9월에는 5퍼센트 수준이었다.[9] 코로나19 대유행이 발발하기 전 2020년 2월의 실업률은 1.9퍼센트였다. 전체 그래프

〈자료 7-6〉에서, 학사 학위 소지자들에게는 최악의 해가, 고등학교 졸업장이 없는 사람들에게 최고의 해였을 때보다도 실업률이 더 나았다는 점도 흥미롭다.

공교육의 가치는 자동화에 대한 적응 속도와 상관 없이 중요한 구분 요인으로 남을 것이며, 따라서 비정규 교육의 가치도 계속해서 높아질 것이다.

실업과 신입 연봉의 역사를 보면, 교육은 전체 임금과 긍정적 상관관계가 있고, 실업과는 부정적 상관관계가 있다. 교육 수준이 높을수록 소득은 더 많고 실직의 위험은 적다. 한 가지 예외는 박사 학위를 가진 사람들이 전문 대학원 학위보다 더 낮은 평균 임금을 받는 경향이 있다는 것이다. 미국 노동시장의 최근 데이터(2016년)를 보여주는 〈자료 7-7〉은 노동통계국에서 발표한 교육 수준에 따른 실업률과 임금 모두를 나란히 비교한 것이다.

교육은 개인이 경제적 기회를 얻는 데 결정적 요소다. 교육에 대한 접근성을 높이는 것은 사회 전체와 경제가 자동화 시대에 얼마나 발전할 것인가를 결정짓는 데 중요한 역할을 할 것이다. 장기적 기회 혹은 기회 부족은 거시경제 안에서 전반적 교육 수준과 기술 달성에 크게 좌우될 것이다.

〈자료 7-7〉 교육 수준에 따른 임금과 실업[10]

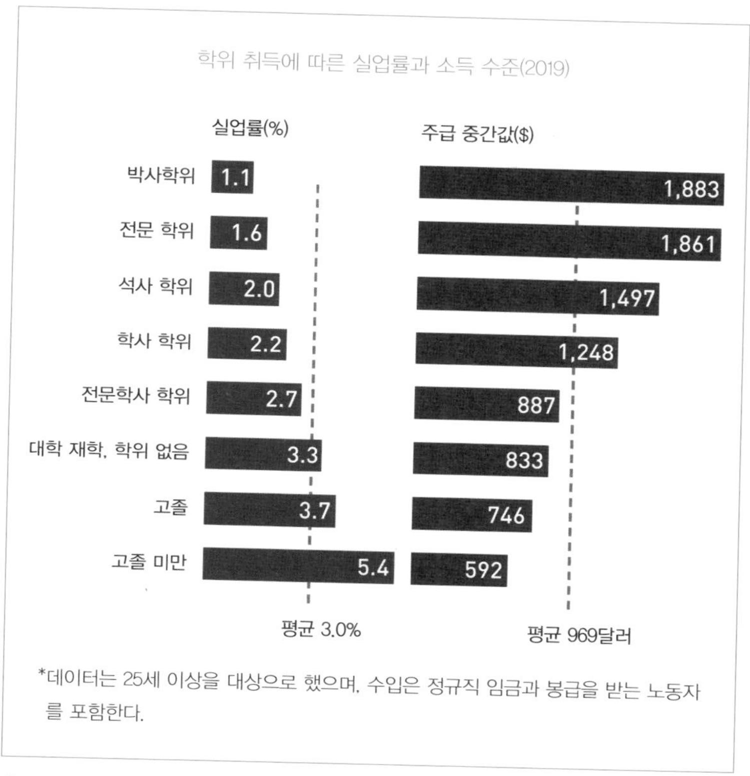

출처: 미국 노동통계국, CPS(Current Population Survey)

당연히 높은 가치의 교육을 받는 것은 개인과 사회가 잠재적 로보칼립스를 피할 수 있는 중요한 부분이 될 것이다. 새로운 기회를 창출하고, 우리 사회에서 기술적 실업의 영향을 최소화하는 데 매우 중요할 것이다. 공식 혹은 비공식, 온라인 혹은 오프라인, 전문교육 혹은 직업교육 등 모든 형태의 교육은 개인의 직업 전망과 소득 수준을 향상하고 로봇으로 대체되지 않도록 할 것이다.

로봇이 점차 우리 삶으로 다가오고 있다. 가장 안전한 장소는 벙커나 무인도가 아니라 바로 학교가 될 것이다.

8장

로봇 시대에도 끄떡없는 일자리

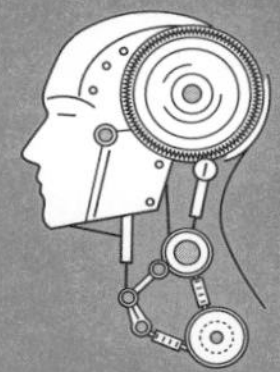

JOBS FOR ROBOTS

BETWEEN ROBOCALYPSE

AND ROBOTOPIA

우리 모두 자동화와 로봇공학의 가속화에 대비해 로봇의 등장에도 끄떡없어야 한다. 급속한 변화가 일어나는 가운데 우위를 선점하기 위해서는 나만의 로보토피아를 이끌어내기 위한 기초를 다질 전략이 필요하다. 다음은 자동화로 인한 일자리 붕괴에 대비할 수 있는 주요 전략 세 가지다.

- 변하지 않는 산업에서 일하라 : 자동화 시대에도 여전히 필요한 직업에 대한 전문성을 쌓아라.
- 가치 있는 기술을 배워라 : 공식적, 비공식적 교육의 이점을 모두 취해라. 더 배우기 위해 준비하라.
- 계속 움직여라 : 산업, 기업 혹은 지역에 변화를 줌으로써 기회를 찾을 수 있는 위치에 머무르라.

특정 산업이 침체된 상황이라 해도 긍정적인 측면을 발견하는 데 도움이 될 전략을 여러 가지 예시와 함께 살펴보자.

전략 1 변하지 않는 산업에서 일하라

경제가 어렵거나 자동화 위험이 아무리 크다고 할지라도 어떤 산업들은 변함없이 전망이 좋다. 그런 산업 중에서 직업을 구하라. 특히 제조업과 운송업은 로보칼립스로 인한 불확실성이 상당히 높다. 한편 자동화될 가능성이 상대적으로 낮은 산업으로는 정보기술, 의료, 경영 분야가 있다. 자동화에 노출된 산업 리스트는 앞쪽 3장의 〈자료 3-1〉에서 확인할 수 있다.

정보기술

자동화, 로봇공학, 기술 의존도의 증가는 정보기술 분야에서 직업을 구할 때 중요한 기회가 된다. 무인자동차 산업계 선두 기업에서 일하고 있는 과거 좋은 동료였던 친구와 통화를 한 적이 있다. 나는 친구에게 경제와 금융 시장의 리스크에 관해 이야기했다. 친구가 받는 보수 중 일부는 나스닥Nasdaq(미국 장외 주식시장-옮긴이)의 성과에 달려 있었기 때문에 그는 매우 걱정스러워했다.

나는 "넌 걱정할 게 없어."라고 말했다. 그러자 그가 이유를 물었고, 나는 웃으면서 "증시는 하락할 수 있지만, 넌 지구상에서 직업을 가진 가장 마지막 사람이 될 거니까. 다른 모든 직업을 자동화하는 것이 곧 네 직업인데. 그러니까 넌 괜찮을 거야."

라고 말해 줬다.

사실 내가 운영하는 프레스티지 이코노믹스는 미국의 자재 처리 산업과 무역 조직인 MHI에 대한 광범위한 연구와 데이터 분석을 수행한다. 이것은 미국 공급망으로 상품을 운반하는 물리적 장비와 기술을 제공하는 수십억 달러 규모의 산업이다. 이들은 미국 경제에서 증가하고 있는 전자상거래의 수요를 충족시키는 이름 없는 영웅들이다.

자재 취급은 부분적으로 자동화, 로봇공학, 라스트마일 솔루션last mile solution, 운송 최적화에 중점을 둔 산업이기도 하다. 만약 무인자동차 업무를 하는 내 친구가 지구상에서 직업을 가진 마지막 사람이 된다면 나는 두 번째 마지막 사람이 되도록 노력해야겠다고 농담을 하기도 했다. 그러나 사실은 그것보다 좀 더 미묘한데, 의료 분야처럼 자동화가 어려운 중요한 산업들도 있기 때문이다.

의료 분야 일자리

의료는 자동화하기 더 어려운 분야이고 많은 사람을 접촉해야 하므로 자동화된 세상에서도 변함없이 남아 있을 것으로 예상한다. 2장에서 미국 노동시장의 현 상황(그리고 단기적 전망)을 논의했다. 의료 분야는 단기 직업 성장, 일자리 수, 소득 면에서

〈자료 8-1〉 의료 분야에서의 고용[1]

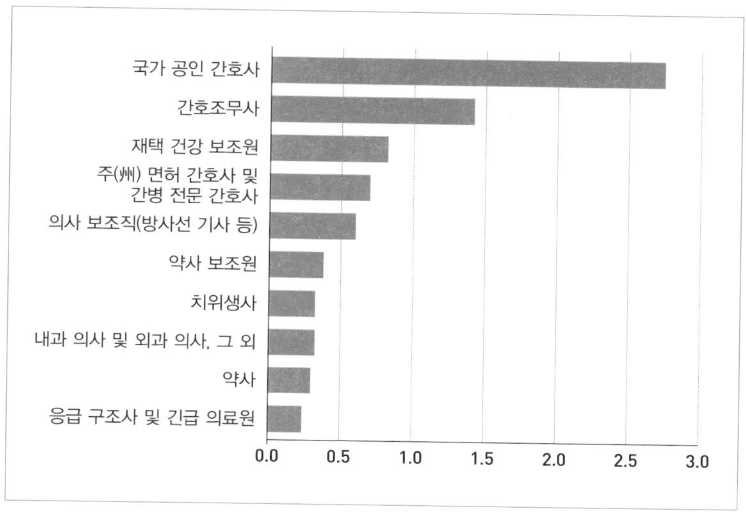

출처: 미국 노동통계국, 2015

상위권을 차지했다.

의료 분야처럼 사람과 사람 간의 접촉이 필요한 고숙련 산업들은 상대적으로 안전하게 남아 있을 것이다. 일반적으로 코로나19 이후 의료 분야의 일자리는 헤어디자이너, 피부관리사, 마사지 테라피스트처럼 사람과 접촉해야 하는 다른 분야의 직업보다 임금은 더 높고 리스크는 더 낮다.

의료 분야의 일자리는 앞으로 오랜 시간 동안 안정적일 것이다. 미국 고령 인구가 증가함으로써 개인 돌봄 지원, 국가 공인

간호사, 재택 건강 보조원을 포함한 일선의 의료 전문가들이 필요하기 때문이다. 2장 〈자료 2-10〉의 의료분야 일자리 성장의 긍정적 전망에 관한 정보를 제시했다. 의료 분야의 2015년 일자리 분포는 〈자료 8-1〉에 있다.

프로젝트 관리

갈수록 많은 직업이 자동화되면서 프로젝트, 상품, 프로그램 관리는 더욱 중요해질 것이다. 많은 사람들이 원격으로 일하면서 자동화될 가능성이 증가하게 된다. 자동화 솔루션의 가장 높은 투자자본수익률을 보장하기 위해서는 효율적 우선순위 지정, 최적화, 그리고 작업 구현이 필요할 것이다.

워드 프로세서가 등장하면서 모든 사람들이 타이핑 능력과 비서의 능력을 갖추게 된 것과 마찬가지로, 미래의 전문가들은 MBA의 프로젝트 관리 능력이 있어야 할 것이다. 어쩌면 프로젝트 관리 능력은 산술 능력의 중요성을 뛰어넘을 것이다. 결국 로봇이 작업을 수행할 수 있고 프로세스들이 자동화될 수 있다고 하더라도 아무런 가이드 없이 이것들을 수행할 수 있기까지는 오랜 시간이 걸릴 것이다.

그리고 그것은 사람이 해야 할 역할이다. 로봇이 모든 작업을 수행한다고 했을 때 인간은 이러한 프로젝트 관리 능력이 있어야 한다. 로봇을 관리해야 하는 건 결국 인간이기 때문이다. 다음은 이미 사람들이 하고 있는 세 종류의 프로젝트 관리다. 앞으로는 더 많은 것을 해야 할 것이다.

- 사용자 관리 : 사용자에게 어떤 프로세스가 어떤 순서로 구현되어야 하는지 알려 준다.
- 로봇 관리 : 로봇에게 어떤 프로세스들이 어떤 순서로 실행되어야 하는지 알려 준다.
- 로봇을 관리하는 사람 관리 : 로봇에게 작업 흐름의 우선순위를 알려 주는 사람에게 무엇이 가장 높은 우선순위인지를 알려 준다.

로봇은 작업을 수행할 수는 있지만 적절한 지시가 있어야만 가능하다. 윤리적 지침이 없고 주체적으로 기업의 우선순위를 이해하지 못하기 때문에 사람은 오랫동안 이 퍼즐의 중요한 열쇠가 될 것이다.

회의도 하고 생각도 해 봤는데 '왜 이걸 이렇게 못 끝내지?'라고 생각해 본 적이 있을 것이다. 이는 어디로 가야 하는지 물을 때 '이곳에서는 그곳으로 갈 수 없다.'는 답을 듣는 것과 같다. 이 질문에 답하고 작업을 완수하려면 실제 질문이 무엇인지, 어떻게 그 질문을 표준화할 수 있는지, 그 질문이 잘못되지 않았음을 어떻게 보장할 수 있는지 등을 확인하기 위해 사람이 개입될 필요가 있다.

궁극적으로 우리는 모두 경영 전문가가 되고 경영 컨설턴트가 될 것이다. 실행은 로봇이 한다. 그러나 계획, 우선순위 지정, 자원 할당, 활동을 지시하는 이 모든 것은 인간의 몫이다.

소상공인들

그렇다면 IT, 의료 분야, 경영과 관계가 없다면 어떻게 해야 할까? 영화 〈언터처블〉(1987)에서는 다음과 같은 말이 나온다. "바구니 안에 든 사과가 싫으면 나무에 가서 따라."

위기는 기회를 만들고 그곳에 자기만의 사업을 시작할 기회가 어느 때보다 많을 것이다. 오늘날 사무실이 내일의 박물관이 될 위험에 처한 때라면 특히 그렇다. 지금은 소위 '긱경제'가 나타나고 있다. 뉴욕대학교 교수인 아룬 순다라라잔Arun Sundararajan은 2016년 그의 저서 『공유경제The Sharing Economy』에서 이렇게 말했다.

"기술의 발달로 '개성'이 생산과 소비의 주동력이 되고, 창업이 기하급수적으로 늘어날 것이다. 원하는 생활수준을 달성하고자 장소에 구애받지 않고 언제든 일할 수 있는 소상공인과 자영업자들이 늘어날 가능성이 있다."[2]

특히 코로나19 이후 기술 변화로 인해 1인 사업체 혹은 소상공인이 될 기회가 늘어나고 있다. 그러나 일부 규제의 변화로 기업 또한 어느 때보다 글로벌 자본시장과 연결될 수 있는 더 큰 기회가 생기고 있다. 순다라라잔은 "크라우드 기반 자본주의는 여전히 유아기에 머물러 있다."[3]고 했지만, 크라우드 펀딩의 증가로 자본시장에 대한 접근성이 높아짐으로써 4년간 많은 변화가 있었다. 사람들은 이제 전자상거래, 직접 소매업(손안의 소매), 글로벌 자본시장을 통해 세계에 접근하여 취미를 사업으로 바꿀 수 있다.

여기에는 새롭고 상대적으로 검증되지 않아 결단력이 필요한 도전과제들이 있다. 그리고 크라우드 펀딩과 소상공인의 미래는 투자 수익성과 유동성에 크게 좌우될 것이다. 투자자들은 개인 소유의 크라우드 펀딩 투자가 수익을 창출할 수 있고, 이러한 투자가 파생시장에서 쉽게 팔릴 수 있다는 것을 눈여겨 봐야 한다. 만약 이 장애물을 뛰어넘을 수만 있다면 평범한 사람이라도 미래에 사업을 구축하기 위해 글로벌 자본시장에 접근할 기회가 더 많아질 것이다.

이제 우리는 어느 때보다 쉽게 세계 시장과 자본에 접근할 수 있다. 만약 사업가를 꿈꾼다면 지금이야말로 가장 좋은 때일지도 모른다.

전략 2 가치 있는 기술을 배워라

7장에서 읽었듯이 역사상 어느 때보다 교육에 대한 접근성이 높을 뿐만 아니라 로봇을 통해 직업 기술을 높이거나 새롭게 배울 수 있는 것들이 많다.

학위를 취득할 시간이 없다면 자격증을 따라. 자격증으로 얻을 수 있는 직업의 수가 많이 증가했다. 다른 많은 전문가들처럼 내 이름 뒤에는 수많은 수식어가 달리는데, 이런 것들은 기술을 쌓는 것을 넘어서 신호를 주는 장치이기도 하다. 즉, 풍부한 지식과 추진력으로 일을 완수할 수 있고, 갈망이 있음을 미래의 상사나 고객에게 알려 주는 것이다.

이력서에 추가하고 싶은 특정 컴퓨터 프로그램이 있는가? 무료 버전을 다운로드받아라. 해당 제품을 사용할 수 있는 30일 동안 기본을 충분히 배울 수 있다. 그리고 이력서에 추가해라. 이력서에 한 줄 적자고 그 프로그램의 세계적인 전문가가 될 필요는 없다. 회사는 일단 채용하고 나면 필요한 기술들을 따로 훈련시키기 때문에 그 프로그램이 일자리에 중요한 요소가 아니라면 그에 대한 기본적 역량과 친숙함 정도만 있으면 된다.

지역 대학에서 수업을 청강하라. 해당 강좌에 등록하지 않고 출석하는 것을 의미한다. 학점이나 성적을 받지는 않지만, 지식을 얻고 이력서에 기재할 수는 있다. 대부분 대학교에서 청강은 무료거나 적당한 수업료를 내고 참여할 수 있다. 사업 능력을 쌓고 싶다면 회계나 재무 수업이 좋은 선택지가 될 수 있다. 또한 링크드인 러닝은 현재 스킬을 얻을 수 있는 학습 경로를 제공한다.

전략 3 계속 움직여라

일단 자신에게 필요한 능력을 쌓기 위해 시간을 투자했다면 교육과 기술이 원하는, 직업에서 요구하는 역량과 일치하는지 확인해라. 어쩌면 분야를 바꾸거나 다른 지역으로 이사를 갈 수도 있다. 아니면 단순히 이직(移職)할 수도 있다. 다행히도 이런 전환을 좀 더 쉽게 할 수 있는 훌륭한 도구가 있다.

최근 몇 년간 사람들이 일자리를 찾는 방법에 주요한 변화가 있었다. 산업혁명 초기에 직업이 사라진 것이라면 유일한 선택지는 같은 마을 사람에게 일자리를 부탁하는 것이다. 그 후 산업혁명 동안에는 신문의 구인목록을 참고할 수 있을 것이다.

1800년대 중반부터 구인 공고가 온라인으로 게시되기 시작한 2000년대 전후까지는 상대적으로 변화가 없었다. 오늘날 미국에서는 매년 약 2,700만 개의 새로운 구인공고가 나오고 있으며, 온라인으로 500만 개의 공고가 게시되고 있다.[4] 그리고 해외 취업 포털 사이트 인디드Indeed.com와 같은 기업들은 전 세계적으로 2천만 건의 구인공고 게시물을 자랑한다.

온라인에 공고된 직업의 수와 그에 대한 접근성이 시간이 갈수록 늘어날 가능성이 크다. 이제 완전히 내 손안에 노동시장을 가진 셈이다.

2019년에 노동자의 41.5퍼센트가 이직을 경험했다. 자동화는 이직 빈도를 가속화할 것이다. 반가운 소식은 지금 하는 일에 만족하지 못한다 하더라도 그 직업에 영원히 속박될 필요는 없다는 것이다. 과거보다 일자리에 대한 접근성이 더 커질 것이다.[5]

기술을 내 편으로 만들어라

일의 의미와 관련해 가장 중요한 한 가지는 사람들은 일에서 삶의 목적을 찾는다는 것이다. 시간이 흘러 경력과 직업이 바뀐다고 하더라도 사람들은 자신의 정체성을 직업에서 얻는다.

다가올 수십 년 동안 일자리는 끊임없이 변화하겠지만 사람들은 산업혁명이 시작될 때보다 직업적 정체성에 훨씬 덜 얽매여 있다.

흥미롭게도 여기서 제시한 세 가지 주요 전략은 내가 산업혁명 초입에 있던 스미스(대장장이)와 밀러(제분업자)에게 줄 수 있는 근본적 전략과도 같다. 역사적으로 우리는 이미 경험한 바가 있고, 우리는 어느 때보다 변화가 다가오는 것을 잘 알고 있고 준비가 되어 있다.

기술의 발전으로 인한 부정적 위험은 우리가 가진 손안의 기회들을 최대한 활용할 때 줄어들 수 있다. 손안의 교실, 손안의 사무실, 손안의 노동시장, 나아가 손안의 소매(직접 소매)까지 말이다. 미국과 한국과 같은 국가에서 살아가는 대부분의 사람은 이런 종류의 접근성을 갖고 있다. 그리고 사물인터넷Internet of Things은 집과 해외에 있는 사람들을 더 연결할 것이다. 접근성이 좋아지면서 개인에게 기회가 계속 생겨날 것이다.

다들 로봇과 자동화의 영향을 걱정할 때, 정말 중요한 것은 기술이 얼마나 부(富)에 크게 영향을 미치는지 염두에 두는 것이다. 중세시대의 어느 가장 위대한 왕이라도 매장에 자동 계산대가 있다는 것은커녕 미국 슈퍼마켓 어디에서든 많은 음식을 구할 수 있다는 사실을 상상조차 할 수 없었을 것이다. 또한 스마트폰으로 실시간 이용할 수 있는 지식은 알렉산드리아 도서관에서 소실된 모든 장서를 능가한다.

경제 표준 측정에 대한 유용성 논쟁이 늘어나고 있는 가운데, 국내총생산GDP은 여전히 경제가 얼마나 성장하고 있는지 측정하는 좋은 척도라고 생각한다. 하지만 기술이 만들어 내는 부의 효과에 대해서는 그다지 좋은 척도가 될 수 없다.

보더스 북Borders Books, 머큐리 스타트업Mercury Startups, HDS 글로벌의 설립자인 루이스 보더스Louis Borders[6]와 기술이 부에 미치는 효과에 관해 장시간 토론한 적이 있다.

루이스는 내게, 최근 몇 년간 임금은 동결이지만 삶의 질은 올라가고 있다고 했다. 그 이유는 그들의 기술 때문이라고 지적했다. 우리가 쓰는 스마트폰은 아폴로 임무를 시작할 당시의 컴퓨터보다 기술적으로 훨씬 뛰어나다. 모든 사람이 단 몇 백 달러로 수십억 달러에 상응하는 컴퓨터 장비를 소유할 수 있다면 그것은 정말로 실제 삶의 질을 향상시킨다.

데이터에는 보이지 않을지라도, 오늘날 사람들은 상당히 그리고 유의미한 방식으로 더 부유하다. 우리는 우리가 가진 기술 덕분에 과거 선조들보다 더 부유하다. 자동화 시대에는 우리에게 부 이상의 것을 가져다줄 수도 있다. 물론 코로나 이후 미래를 잘 준비할 때 그 미래를 누릴 수 있을 것이다.

앞을 내다보고 새로운 기술을 지렛대 삼아 경력을 발전시키고 코로나19의 도전을 넘어서 향후 회복의 긍정적 기회를 찾기를 바란다.

감사의 글

새로운 주제를 다루고 기존 초판을 확장하는 데 이어 함께 감사의 글을 추가한다. 초판에서는 출판 과정 중에 도움을 받은 많은 분에게 적절하게 고마움을 표현하지 못했다.

먼저, 이 책의 주제에 대해 인터뷰하거나 이야기할 수 있도록 해 준 분들에게 고마움을 표시하고 싶다. 루이스 보더스Louis Borders는 인터뷰할 기회를 주었고, 기술 향상의 사회적 가치에 관한 부분에서 몇몇 인용을 이 책에 담을 수 있도록 허락했다. 케빈 블리엣(Kevin Vliet)은 인터뷰에 응해 주었고 전자상거래가 이루어지도록 하는 로봇공학과 자동화의 가치에 관한 논의에서 일부를 인용할 수 있도록 허락해 주었다. 마이클 월턴Michael Walton, 대니얼 스탠턴Daniel Stanton과 함께 논의한 내용은 직접적으로 책에 실리지는 않았지만 인터뷰할 수 있어서 감사했다. 비록 인터뷰하지는 않았지만 마이클 부흘러Martin Buehler에게도 감사를 표한다. 부흘러는 로봇공학과 자동화로 제기된 당면 과제에 관한 그의 생각을 자유롭게 나눠 주었다. 실리콘밸리에서 열린 '로보비즈니스 2016RoboBusiness 2016' 콘퍼런스에서 그와 함께한 대화는 경제학자들과 분석가들이 직면한 미래의 노동력 문제 해결을 돕기 위해, 그리고 경제학자에서 장기적 분석가이자 미래학자로의 변화를 경험하도록 미래학자연구소The Futurist Institute를 설립하는 데 영감을 주었다.

라이언 홀리데이Ryan Holiday에게도 감사를 전한다. 책 표지에 대한 피드백을 주었다. 리사 버든Lisa Verdon과 나우팔 파텔Nawfal Patel에게도 감사한 마음을 표한다. 덕분에 원래(원서)의 표지가 EDM 음악 페스티벌 마스코트처럼 보일 수도 있다는 것을 알게 되었다. 원래 표지를 매우 긍정적으로 생각했음에도 불구하고 시대를 초월한 표지를 찾는 일은 매우 가치 있었다. 아마 두 분도 동의하리라 생각한다.

마지막으로, 그리고 가장 중요하게도, 이 책을 작업할 수 있게 도와 준 우리 가족에게 고마움을 표한다. 사랑하는 아내 애슐리 셍커Ashley Schenker와, 부모님인 제프리Jeffrey Schenker, 재닛 셍커Janet Schenker에게도 이 책을 바친다. 우리 가족은 나를 위해 늘 그 자리에서 편집이나 내용과 관련한 피드백을 주었고, 정서적으로 한없는 지지를 해 주었다. 가족들에게 그리고 이 과정에서 도움을 준 모든 분들에게 감사하다.

이 책을 구매한 독자 여러분에게도 감사하다. 이 책을 마음껏 읽고 즐기기를 바란다.

주

들어가며

1. Google Trends for Robots in the United States. 2020년 8월 28일 검색: https://trends.google.com/trends/explore?date=all&geo=US&q=robots
2. Google Trends for Automation in the United States. 2020년 8월 28일 검색: https://trends.google.com/trends/explore?date=all&geo=US&q=automation
3. Google Trends for Future of Work in the United States. 2020년 8월 28일 검색: https://trends.google.com/trends/explore?date=all&geo=US&q =future%20of%20work
4. Google Trends for Universal Basic Income in the United States. 2020년 8월 28일 검색: https://trends.google.com/trends/explore?date=all&geo=US&q=universal%20basic%20income
5. Brainy 인용구에서 재인용. 2017년 2월 18일 검색: https://www.brainy quote.com/quotes/quotes/g/georgesant101521.html
6. U.S. Census Bureau. "2000년 인구조사에서 자주 발생하는 성 씨." 2017년 2월 11일 검색: http://www.census.gov/topics/population/genealogy/data/2000_surnames.html
7. 애팔래치아대장장이협회 "Blacksmithing History 1."
8. Jefferson, T. (July 2, 1776). Declaration of Independence. 미국사 검색. 2017년 2월 18일 검색: http://www.ushistory.org/DECLARATION/document/

9. Google Trends for Robots in the United States. 2020년 8월 28일 검색: https://trends.google.com/trends/explore?date=all&geo=US&q=robots
10. Google Trends for Automation in the United States. 2020년 8월 28일 검색: https://trends.google.com/trends/explore?date=all&geo=US&q=automation
11. Google Trends for Future of Work in the United States. 2020년 8월 28일 검색: https://trends.google.com/trends/explore?date=all&geo=US&q=future%20of%20work
12. Google Trends for Universal Basic Income in the United States. 2020년 8월 28일 검색: https://trends.google.com/trends/explore?date=all&geo=US&q=universal%20basic%20income

1장

1. Kurzweil, R. (2005). The Singularity is Near: When Humans Transcend Biology. New York: Penguin Books, p. 7.
2. U.S. Census Bureau. "Frequently Occurring Surnames from the Census 2000." 2017년 2월 11일 검색: http://www.census.gov/topics/population/genealogy/data/2000_surnames.html
3. Appalachian Blacksmiths Association "Blacksmithing History 1." Retrieved February 11, 2017: http://www.appaltree.net/aba/hist1.htm
4. Dolan, J.R. (1972). English Ancestral Names: The Evolution of the Surname from Medieval Occu-pations. New York: Crown Publishers, p. 17-18.

5. Taylor, A.J.P. (1967). The Communist Manifesto: With an Introduction and Notes by AJP Taylor. New York: Penguin Classics, p. 19.
6. 애팔래치아대장장이협회 "Blacksmithing History 1."
7. Image licensed from Adobe Stock.
8. Dolan, J.R. , p. 16.
9. U.S. Bureau of Labor Statistics, Civilian Labor Force Level [CLF16OV], retrieved from FRED, Federal Reserve Bank of St. Louis; https://fred.stlouisfed.org/series/CLF16OV, August 28, 2020. U.S. Bureau of Labor Statistics, Hires: Total Nonfarm [JTSHIL], retrieved from FRED, Federal Reserve Bank of St. Louis; https://fred.stlouisfed.org/series/JTSHIL, August 28, 2020. U.S. Bureau of Labor Statistics, Total Separations: Total Nonfarm [JTSTSL], retrieved from FRED, Federal Reserve Bank of St. Louis; https://fred.stlouisfed.org/series/JTSTSL, August 28, 2020.
10. Private photo collection of Jason Schenker.
11. Private photo collection of Jason Schenker.
12. Private photo collection of Jason Schenker.
13. Image licensed from Adobe Stock.
14. Sourced from WeWork "Press and Media" at https://www.wework.com/press

2장

1. NBER, FRED, World Bank, Prestige Economics. 2017년 2월 17일 검색: http://www.nber.org/chapters/c1567.pdf
https://fraser.stlouisfed.org/files/docs/publications/frbslreview/rev_stls_198706.pdf

http://databank.worldbank.org/data/reports.aspx?source=world-development-indicators#
2. Ibid.
3. U.S. Bureau of Labor Statistics, All Employees: Manufacturing [MANEMP], retrieved from FRED, Federal Reserve Bank of St. Louis; https://fred.stlouisfed.org/series/MANEMP, October 16, 2017.
4. Ibid.
5. "The Most Common Job in Every State." (February 5, 2015). NPR. 2017년 2월 17일 검색: http://www.npr.org/sections/money/2015/02/05/382664837/map-the-most-common-job-in-every-state
6. Ibid.
7. Ibid.
8. Ibid.
9. A future that works: Automation Employment, and Productivity. (January 2017). McKinsey Global Institute. McKinsey and Company, p. 4. 2017년 2월 17일 검색: http://www.mckinsey.com/global-themes/digital-disruption/harnessing-automation-for-a-future-that-works
10. Ibid.
11. Ibid.
12. For more information on Solow, you can read a full lecture on Solow and the Solow growth model here: http://facstaff.uww.edu/ahmady/courses/econ302/lectures/Lecture14.pdf
13. Wolfgang, M. (September 29, 2016). "The Robotics Market Figures and Forecasts." Presentation to RoboBusiness Conference. Boston Consulting Group.

14. Artificial Intelligence, Automation, and the Economy. Executive Office of the President (December 20, 2016). P 16. 2017년 2월 17일 검색: https://www.whitehouse.gov/sites/whitehouse.gov/files/images/EMBARGOED%20AI%20Economy%20Report.pdf
15. U.S. Bureau of Labor Statistics as cited in Ranker.com. "The Most Common Jobs in America." 2017년 2월 17일 검색: http://www.ranker.com/list/most-common-jobs-in-america/american-jobs
16. U.S. Bureau of Labor Statistics. (December 8, 2015). "Employment Projections 2014-24." 2017년 2월 17일 검색: BLS – https://www.bls.gov/news.release/pdf/ecopro.pdf
17. U.S. Bureau of Labor Statistics. "Most New Jobs." Occupational Outlook Handbook. 2017년 2월 17일 검색: https://www.bls.gov/ooh/most-new-jobs.htm
18. U.S. Bureau of Labor Statistics. "Fastest Growing Occupations." Occupational Outlook Handbook. 2017년 2월 17일 검색: https://www.bls.gov/ooh/fastest-growing.htm
19. U.S. Bureau of Labor Statistics. "Highest Paying Occupations." Occupational Outlook Handbook. 2017년 2월 17일 검색: https://www.bls.gov/ooh/highest-paying.htm

3장

1. A future that works: Automation Employment, and Productivity. (January 2017). McKinsey Global Institute. McKinsey and Company, p. 5. 2017년 2월 17일 검색: http://www.mckinsey.com/global-themes/digital-disruption/harnessing-automation-for-a-future-that-works

2. Ibid.
3. Ibid.
4. Artificial Intelligence, Automation, and the Economy. Executive Office of the President (December 20, 2016). p. 16. 2017년 2월 17일 검색: https://www.whitehouse.gov/sites/whitehouse.gov/files/images/EMBARGOED%20AI%20Economy%20Report.pdf
5. Ibid.
6. Ibid.
7. Ibid.
8. This entire section comes from the following: A future that works: Automation Employment, and Productivity. (January 2017). McKinsey Global Institute. McKinsey and Company, p. 21. 2017년 2월 17일 검색: http://www.mckinsey.com/global-themes/digital-disruption/harne ssing-automation-for-a-future-that-works
9. Ibid.
10. Myers, J. (February 29, 2016). "What new jobs will exist in 2035?" World Economic Forum. 2017년 2월 17일 검색: https://www.weforum.org/agenda/2016/02/these-scientists-have-predicted-which-jobs-will-be-human-only-in-2035/
11. Moretti, E. (2013). The New Geography of Jobs. New York: Mariner Books, p. 6.
12. Myers, J. (February 29, 2016). "What new jobs will exist in 2035?" World Economic Forum. 2017년 2월 17일 검색: https://www.weforum.org/agenda/2016/02/these-scientists-have-predicted-which-jobs-will-be-human-only-in-2035/
13. Keynes, J.M. (1930). "Economic Possibilities for our Grandchildren." Yale University: New Haven, p. 360. 2017년 2월 17일 검색: http://

www.econ.yale.edu/smith/econ116a/keynes1.pdf Please note that this quote is often incorrectly cited as coming from Keynes, J.M. The General Theory of Employment, Interest and Money. New York: Macmillan, 1931.

14. Artificial Intelligence, Automation, and the Economy. Executive Office of the President (December 20, 2016), p. 18. 2017년 2월 17일 검색: https://www.whitehouse.gov/sites/whitehouse.gov/files/images/EMBARGOED%20AI%20Economy%20Report.pdf
15. White, J. and Ingrassia, P. (2016, 26 April) "Driverless cars could save lives, kill jobs." Reuters. http://www.reuters.com/article/autos-driverless-winners-losers-idUSL2N17M0DO
16. Artificial Intelligence, Automation, and the Economy. Executive Office of the President (December 20, 2016), p. 18. 2017년 2월 17일 검색: https://www.whitehouse.gov/sites/whitehouse.gov/files/images/EMBARGOED%20AI%20Economy%20Report.pdf
17. Kaplan, J. (2015), p. 12.
18. Ibid., p. 16.
19. Private photo collection of Jason Schenker.
20. FinTech Survey Report (April 2016). CFA Institute. 2017년 2월 17일 검색: https://www.cfainstitute.org/Survey/fintech_survey.PDF
21. Graph capture from eSignal trading platform February 17, 2017. http://www.esignal.com/
22. United Nations. 2017년 2월 17일 검색: http://www.unwater.org/water-cooperation-2013/water-cooperation/facts-and-figures/en/
23. International Energy Agency. 2017년 2월 17일 검색: http://www.iea.org/topics/energypoverty/

24. United Nations. 2017년 2월 17일 검색: http://www.unwater.org/water-cooperation-2013/water-cooperation/facts-and-figures/en/
25. Rodriguez, A. (March 24, 2016) "Microsoft's AI millennial chatbot became a racist jerk after less than a day on Twitter." Quartz. 2017년 2월 17일 검색: https://qz.com/646825/microsofts-ai-millennial-chatbot-became-a-racist-jerk-after-less-than-a-day-on-twitter/
26. Private photo collection of Jason Schenker.
27. Private photo collection of Jason Schenker.

4장

1. Lerner, W. (1994). A History of Socialism and Communism in Modern Times: Theorists, Activists, and Humanists. Englewood Cliffs, New Jersey: Prentice Hall, p. 12.
2. A future that works: Automation Employment, and Productivity. (January 2017). McKinsey Global Institute. McKinsey and Company, p. 5. 2017년 2월 17일 검색: http://www.mckinsey.com/global-themes/digital-disruption/harnessing-automation-for-a-future-that-works
3. Ibid.
4. Ibid.
5. This meme can be found online at We Know Memes. 2017년 2월 17일 검색: http://weknowmemes.com/2013/05/the-never-ending-story-as-an-adult/
6. Will Allen of HP Labs was the first to mention this to me at RoboBusiness 2016. Thank you, Will.

7. Kuffner, J. (September 2016). "Cloud Robotics: Intelligent Machines in a Cloud-Connected World." Presentation to RoboBusiness Conference. Toyota Research Institute.
8. Kurzweil, R. (2005), p. 261.
9. Private photo collection of Jason Schenker.
10. Private photo collection of Jason Schenker.
11. Schwab, K. (2016). The Fourth Industrial Revolution. Geneva, Switzerland: World Economic Forum, p. 151.
12. Private photo collection of Jason Schenker. Thank you, Nawfal Patel, for recommending I use Craigslist to hire a local photographer, as opposed to personally flying to Seattle to take this picture.
13. The 2015 National Retail Security Survey. (June 2015) University of Florida, p. 7. 2017년 2월 17일 검색: http://users.clas.ufl.edu/rhollin/nrf%202015%20nrss_rev5.pdf
14. Ibid.
15. Private photo collection of Jason Schenker.
16. Waymo official press kit photos provided to Prestige Economics, LLC. February 2017.
17. "Politicians cannot bring back old-fashioned factory jobs." (2017, 14 Jan). The Economist. 2017년 2월 17일 검색: http://www.economist.com/news/briefing/21714330-they-dont-make-em-any-more-politicians-cannot-bring-back-old-fashioned-factory-jobs
18. Waymo official press kit photos provided to Prestige Economics, LLC. February 2017.
19. Schwab, K. (2016), p. 147
20. 3. Annual Energy Outlook 2019. (24 January 2019). Energy Information Agency. 2019년 5월 9일 검색: https://www.eia.gov/

outlooks/aeo/tables_ref.php.

21. U.S. Bureau of the Census, E–Commerce Retail Sales as a Percent of Total Sales [ECOMPCTSA], retrieved from FRED, Federal Reserve Bank of St. Louis; https://fred.stlouisfed.org/series/ECOMPCTSA
22. Thank you, Kevin Vliet, for allowing me to interview you for this book.
23. Private photo collection of Jason Schenker.
24. Kara, D. (September 2017). "Robotics and Intelligent Systems." Presentation at RoboBusiness Conference. Thank you, Dan.
25. U.S. Bureau of Labor Statistics, All Employees: Retail Trade: Department Stores [CES4245210001], retrieved from FRED, Federal Reserve Bank of St. Louis; https://fred.stlouisfed.org/series/CES4245210001
26. U.S. Bureau of Labor Statistics, All Employees: Transportation and Warehousing: Warehousing and Storage [CES4349300001], retrieved from FRED, Federal Reserve Bank of St. Louis; https://fred.stlouisfed.org/series/CES4349300001
27. Friedman, T. (2007). The World is Flat: A Brief History of the Twenty–First Century. New York: Picador, p. 155.
28. Ibid.
29. Kurzweil, R. (2005), p. 285.
30. Thank you, Tony Muscarello, for letting me interview you on a plane.
31. Private photo collection of Jason Schenker.
32. I ordered the cupcake, but my lovely wife, Ashley Schenker, ate the cupcake.

33. Moretti, E. (2013), p. 13.
34. Ibid.
35. Ibid.
36. Ibid.
37. Jefferson, T. (July 2, 1776). Declaration of Independence. Retrieved from US History. 2017년 2월 18일 검색: http://www.ushistory.org/DECLARATION/document/

5장

1. U.S. Department of the Treasury. Fiscal Service, Federal Debt: Total Public Debt [GFDEBTN], retrieved from FRED, Federal Reserve Bank of St. Louis; https://fred.stlouisfed.org/series/GFDEBTN
3. Ibid.
4. 2020년 8월 28일 검색: http://www.usdebtclock.org/
5. U.S. Department of the Treasury. Fiscal Service, Federal Debt: Total Public Debt [GFDEBTN], retrieved from FRED, Federal Reserve Bank of St. Louis; https://fred.stlouisfed.org/series/GFDEBTN
6. Federal Reserve Bank of St. Louis and U.S. Office of Management and Budget, Federal Debt: Total Public Debt as Percent of Gross Domestic Product [GFDEGDQ188S], retrieved from FRED, Federal Reserve Bank of St. Louis; https://fred.stlouisfed.org/series/GFDEGDQ188S
7. Desjardins, J. (August 6, 2015). "$60 Trillion of World Debt in One Visualization." Visual Capitalist. 2017년 2월 11일 검색: http://www.visualcapitalist.com/60-trillion-of-world-debt-in-one-visualization/

8. Mayer, J. (November 18, 2015). "The Social Security Facade." 2017년 2월 11일 검색: http://www.usnews.com/opinion/economic-intelligence/ 2015/11/18/social-security-and-medicare-have-morphed-into-unsustainable-entitlements
9. Image provided courtesy of The Heritage Foundation. 2017년 2월 11일 검색: http://thf_media.s3.amazonaws.com/infographics/2014/10/BG-eliminate-waste-control-spending-chart-3_HIGHRES.jpg
10. Twarog, S. (January 1997). "Heights and Living Standards in Germany, 1850-1939L The Case of Wurttemberg" as reprinted in Heath and Welfare During Industrialization. Steckel, R. and F. Roderick Eds. Chicago: University of Chicago Press, P. 315. 2017년 2월 11일 검색: http://www.nber.org/chapters/c7434.pdf
11. U.S. Social Security Administration. "Social Security History: Otto von Bismarck." Sourced from https://www.ssa.gov/history/ottob.html
12. U.S. Social Security Administration. (September 2017). Fast Facts and Figures About Social Secu-rity, 2017, p. 8. 2020년 7월 21일 검색: https://www.ssa.gov/policy/docs/chartbooks/fast_facts/2017/.
13. Last, J. (2013) What to Expect, When No One's Expecting: America's Coming Demographic Disaster. New York: Encounter Books., p. 2.
14. World Bank, Population Growth for the United States [SPPOPGROWUSA], retrieved from FRED, Federal Reserve Bank of St. Louis; https://fred.stlouisfed.org/series/SPPOPGROWUSA
15. Last (2013), p.4.
16. Ibid., p. 109.
17. Social Security Administration. 2017년 2월 11일 검색: https://www.ssa.gov/history/ratios.html Last (2013) also uses a similar table in his book on page 108.

18. Last (2013), p. 107.
19. Quartz. Interview with Bill Gates. 2017년 2월 19일 검색: https://qz.com/911968/bill-gates-the-robot-that-takes-your-job-should-pay-taxes/
20. PSA Partnership for a Drug-Free America - So I can do more coke (1980). Retrieved from: https://www.youtube.com/watch?v=XGAVTwhsyOs
21. Trading Economics. Spanish youth unemployment. 2017년 2월 11일 검색: http://www.tradingeconomics.com/spain/youth-unemployment-rate
22. Trading Economics. Spanish unemployment. 2017년 2월 11일 검색: http://www.tradingeconomics.com/spain/youth-unemployment-rate
23. Washington Post. https://www.washingtonpost.com/business/capitalbusi ness/minimum-wage-offensive-could-speed-arrival-of-robot-powered-restaurants/2015/08/16/35f284ea-3f6f-11e5-8d45-d815146f81fa_story.html
24. Private photo collection of Jason Schenker.
25. U.S. Internal Revenue Service. 2017년 2월 11일 검색: https://www.irs.gov/businesses/small-businesses-self-employed/self-employment-tax-social-security-and-medicare-taxes
26. Pew Research Center. (October 22, 2015). 2017년 2월 19일 검색: http://www.pewsocialtrends.org/2015/10/22/three-in-ten-u-s-jobs-are-held-by-the-self-employed-and-the-workers-they-hire/
27. Ibid.

6장

1. Freedman, D. (2016 July/August). "Basic Income: A Sellout of the American Dream." MIT Technology Review, p. 52.
2. Ibid.
3. Ibid., 53.
4. Gentilini, U. (January 11, 2017). "Why universal basic income is a simple, but effective idea." World Bank as reprinted by the World Economic Forum. 2017년 2월 11일 검색: https://www.weforum.org/agenda/2017/01/in-a-complex-world-the-apparent-simplicity-of-universal-basic-income-is-appealing
5. U.S. Bureau of Labor Statistics, Consumer Price Index for All Urban Consumers: All Items [CPIAUCSL], retrieved from FRED, Federal Reserve Bank of St. Louis; https://fred.stlouisfed.org/series/CPIAUCSL
6. Kaplan, J. (2015), pp. 184-185.
7. Hamblin, J. (February 2, 2017) "How to Make Time Pass Quickly," The Atlantic: https://www.theatlantic.com/health/archive/2017/02/how-to-make-time-move/515361/
8. Ibid.
9. Thompson, D. (2015 July/August). "A World Without Work," The Atlantic. https://www.theatlantic.com/magazine/archive/2015/07/world -without-work/395294/
10. Image licensed from Adobe Stock.

7장

1. Private photo collection of Jason Schenker.
2. Private photo collection of Jason Schenker.
3. Data on MOOCS retrieved from three sources:
   https://www.class-central.com/report/moocs-2015-stats/
   https://www.class-central.com/report/mooc-stats-2016/
   https://www.edsurge.com/news/2014-12-26-moocs-in-2014-breaking-down-the-numbers
   https://www.classcentral.com/report/mooc-stats-2017/
   https://www.classcentral.com/report/mooc-stats-2018/
   https://www.classcentral.com/report/mooc-stats-2019/
4. Weller, C. (2016, 27 December). "A top futurist predicts the largest internet company of 2030 will be an online school." Business Insider. 2017년 2월 17일 검색: http://www.businessinsider.com/futurist-predicts-online-school-largest-online-company-2016-12
5. Private photo collection of Jason Schenker.
6. U.S. Bureau of Labor Statistics. (March 30, 2016). Occupational Employment and Wages May 2015. 2017년 2월 12일 검색: https://www.bls.gov/news.release/pdf/ocwage.pdf
7. U.S. Bureau of Labor Statistics, Unemployment Rate – Less Than a High School Diploma, 25 Yrs. & Over [LNS14027659], retrieved from FRED, Federal Reserve Bank of St. Louis; https://fred.stlouisfed.org/series/LNS14027659. See also U.S. Bureau of Labor Statistics, Unemployment Rate – Bachelor's Degree and Higher, 25 Yrs. & Over [LNS14027662], retrieved from FRED, Federal Reserve Bank of St. Louis; https://fred.stlouisfed.org/series/LNS14027662. See also U.S. Bureau of Labor Statistics, Unemployment Rate –

Some College or Associate Degree, 25 Yrs. & Over [LNU04027689], retrieved from FRED, Federal Reserve Bank of St. Louis; https://fred.stlouisfed.org/series/LNU04027689. See also U.S. Bureau of Labor Statistics, Unemployment Rate – High School Graduates, No College, 25 Yrs. & Over [LNU04027660], retrieved from FRED, Federal Reserve Bank of St. Louis; https://fred.stlouisfed.org/series/LNU04027660.

8. Ibid.
9. Ibid.
10. "Unemployment rate and earning by educational attainment." (4 September 2019). Employment Projections, U.S. Bureau of Labor Statistics. 2020년 7월 24일 검색: https://www.bls.gov/emp/chart-unemployment-earnings-education.htm.

8장

1. U.S. Bureau of Labor Statistics. (March 30, 2016). Occupational Employment and Wages May 2015. 2017년 2월 12일 검색: https://www.bls.gov/news.release/pdf/ocwage.pdf
2. Sundararajan, A. (2016). The Sharing Economy: The End of Employment and the Rise of Crowd-Based Capitalism. Cambridge, Massachusetts: The MIT Press, p. 177.
3. Ibid., p. 202.
4. Conference Board. Help-Wanted OnLine Data Series. Retrieved February 17, 2017: https://www.conference-board.org/data/request_form.cfm

5. U.S. Bureau of Labor Statistics, Civilian Labor Force Level [CLF16OV], retrieved from FRED, Fed–eral Reserve Bank of St. Louis; https://fred.stlouisfed.org/series/CLF16OV.

   U.S. Bureau of Labor Statistics, Hires: Total Nonfarm [JTSHIL], retrieved from FRED, Federal Reserve Bank of St. Louis; https://fred.stlouisfed.org/series/JTSHIL.

   U.S. Bureau of Labor Statistics, Total Separations: Total Nonfarm [JTSTSL], retrieved from FRED, Federal Reserve Bank of St. Louis; https://fred.stlouisfed.org/series/JTSTSL.
6. Thank you, Louis Borders, for allowing me to interview you for this book.

우리는 똑같은 강물 속에 두 번 들어갈 수가 없다.
왜냐하면 다른 강물들이 계속 들어오고 있기 때문이다.
- 헤라클레이토스니

미래를 예측하는 최선의 방법은 미래를 창조하는 것이다.

- 알랜 케이

정말 위대하고 감동적인 모든 것은 자유롭게 일하는 이들이 창조한다.

- 알버트 아인슈타인

미래를 창조하기에 꿈만큼 좋은 것은 없다.
오늘의 유토피아가 내일 현실이 될 수 있다.
- 빅터 위고